本物そっくり！
ミニチュア
スイーツ&フード
大全

きくちけい（Milky Ribbon®）著

成美堂出版

指先サイズの小さな世界へようこそ！

「えっ！ これが指先にのるほど小さいの？！」と思わず二度見してしまうほど、本物そっくりなミニチュアフード＆スイーツたち。まずはディティールへのこだわりを、それを演出するミニチュアの舞台でお楽しみください。

Scene 1
パン屋

パンは生地の質感、焼き色が命。生地のサクサク感やふんわり感などを忠実に再現しながら、それを引き立たせるように焼き色をつけます。

\ サクサク感 /

原寸大 クロワッサン p.42

デニッシュパン p.45

\ ふんわり感 /

メロンパン p.42

クリームパン p.44

\ もっちり感 /

ベーグル p.43

\ ずっしり感 /

フランスパン p.47

Scene 2
洋食店

サクサクの衣の質感やハンバーグのジューシーな肉感が引き立つ洋食のミニチュアフード。ミニチュアプレートへの盛りつけにもこだわって。

\カリカリの衣/　p.114

原寸大　海老フライ

\したたる肉汁/　p.114

ハンバーグ

レタス p.156　キュウリ p.157

サラダ

p.47

ガーリックトースト

p.100

ライス

Scene 3
和食店

和食には、丼ものが多数勢ぞろい。こちらの親子丼は、半熟卵の質感とともに、刻みのりをのせるなど、おいしそうに見えるよう細部まで追求すると◎。

原寸大　\ふわふわ卵/

キュウリ p.157
にんじん p.159

p.121　親子丼　おしんこ

Scene 4
中華料理店

中華の王道、餃子とチャーハンのセット。餃子はこんがりと焼き色をつけながら、ジューシーなツヤをプラス。チャーハンのパラパラ感もポイント。

パリパリの皮
p.139
原寸大 餃子

パラパラの米粒
p.141
チャーハン

Scene 5
居酒屋

小皿に盛りつけた「ちょい飲みつまみ」は、本書で制作できるパーツ（p.156〜175）から組み合わせて再現。メインの焼き鳥はタレでシズル感を演出。

原寸大
p.131〜p.132
これぞ秘伝のタレ！
焼き鳥

刻みネギ p.162
豆腐 p.164
かつおぶし p.175
冷奴

刻みネギ p.162
チャーシュー p.167
おつまみチャーシュー

にんじん p.159
キュウリ p.157
おしんこ

ちょい飲みつまみ
p.165
かまぼこ

Scene 6
ファストフード

ハンバーガーはバンズだけでなく、サンドした具材1点1点にこだわって作ります。とくにチーズはピザとともに、とろける質感を大切にしましょう。

\ 贅沢にサンド！/
原寸大
p.144 ハンバーガー

p.143 フライドポテト

p.58 オレンジジュース

\ のび〜るチーズ /
原寸大
p.145 ピザ

\ デリバリーのピザっぽいパッケージにIN！/

Scene 7
喫茶店

贅沢な3段重ねのパンケーキは、たっぷりとソースをかけて仕上げました。ショーケース風に並べるだけで絵になるかわいさです。

ふんわり生地がたまらない！

p.66

ブルーベリーパンケーキ

ケチャップがポイント

原寸大

p.110 オムライス

p.113 ナポリタン

p.58 クリームソーダ

p.59 ホットコーヒー

Scene 8
おもたせ

いろんな種類をちょっとずつセレクトしたアソート。小指サイズのおもたせは、もはや職人技の域に達しています。

ラッピングしてよりかわいく！ 原寸大

p.81〜84　プチケーキ
（左上から右下）ラズベリームースケーキ、オレンジムースケーキ、チョコレートケーキ、モンブラン、ブルーベリームースケーキ、シブースト、キウイムースケーキ

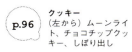

p.96　クッキー
（左から）ムーンライト、チョコチップクッキー、しぼり出し

p.97〜98　ショコラ
（左上から右下）ショコラ（四角）、ショコラ（丸）、トリュフ（クランチ）、トリュフ（金箔のせ）、ホワイトトリュフの金箔のせ、ホワイトトリュフのチョコレートソースがけ

p.64 ドーナツ
（左上から右下）プレーン、オールドファッション、ココナッツチョコ、チョコナッツ、ストロベリーリング、シュガーレイズド

原寸大
1つひとつ
質感に違いを！

パッケージは
手作りしても！

Scene 9
洋菓子店

たっぷりとフルーツを盛りつけた存在感大のタルトたち。パーツの小ささだけでなくトッピングセンスも必要な、ミニチュア界のスター選手です。

p.70 オレンジのタルト

並べるときはバランスよく！

原寸大

p.70 ミックスベリーのタルト

p.70 フルーツタルト

p.71 マカロン

p.71〜73 シュークリームとカップケーキ

Scene 10
朝食

シンプルな食卓ほど、そのディティールへのこだわりが引き立ちます。鮭の切り身は本物さながらの形と繊維質まで細かく表現しました。

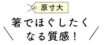
箸でほぐしたくなる質感！

みそ汁　p.119　　ごはん　p.100　　焼き鮭　p.128

Scene 11
お弁当

素朴な曲げわっぱのミニチュア弁当箱に、ドーンと鮭を主役に盛りつけ。作ったミニチュアフードを盛りつける楽しさをぜひ体感してください。

鮭でごはんとおかずのスペース分け！　原寸大
p.129
お弁当

11

本書の使い方

本書ではミニチュア作りの基本をまず押さえたあと、大きく「パン」「スイーツ＆ドリンク」「フード」の3種類にわけて、その作り方を紹介しています。以下のフローチャートを参考にどんどん好きなモチーフを作りましょう！

STEP 1　材料はなに？ 道具はなにが必要？ まずはミニチュア作りの基本を学びましょう

PART 1　ミニチュア作りの基本（p.19〜34）

ミニチュア作りの基本となる材料や道具の選び方や使い方をカテゴリー別に紹介しています。ミニチュア作りを始めるのに必要なテクニックをここで押さえておきましょう。著者イチオシのアイテムやアイデアが詰まった使い方もここでチェック！

STEP 2　さっそくトライ！ 作りたい作品を見つけて作ってみましょう！

パンを作りたい！

PART 2　パン（p.35〜48）

▶ パン作りのコツ
ミニチュアパン作りのコツとして、「生地の歯ざわり」「生地の色」「焼き色」「つや・粉砂糖」「ソース・トッピング」の表現方法をレクチャーします。

▶ パンの作り方
各作品の作り方をチェックして、さっそくトライ！

スイーツ＆ドリンクを作りたい！

PART 3　スイーツ＆ドリンク（p.49〜98）

▶ スイーツ作りのコツ
ミニチュアスイーツ作りのコツとして、「生地の歯ざわり」「生地の色」「あんこの色」「焼き色」「生地の質感」「ホイップ」「ソース・トッピング」の表現方法をレクチャーします。

▶ スイーツの作り方
各作品の作り方をチェックして、さっそくトライ！

フードを作りたい！

PART 4　フード（p.99〜146）

▶ フード作りのコツ
ミニチュアフード作りのコツとして、「米」「フライ・天ぷら」「肉（牛・豚・鶏・ひき肉）」「麺」「汁物」「焼き色」「ソース」の表現方法をレクチャーします。

▶ フードの作り方
各作品の作り方をチェックして、さっそくトライ！

本書の見方

各作品の作り方ページの見方を以下に紹介します。材料・道具、作り方をはじめ、難易度やアレンジモチーフ、テクニックやコーディネート例など、各作り方ページのどこに何が書いてあるのか、確認してから作りましょう。

原寸大写真
作品名の左側の写真はほぼ原寸大です。ドリンク類など、器に入れて作るものは、器を含めたサイズを、フードで器に盛りつけるものはフードそのもののサイズを表記しています。仕上がりサイズの参考にしてください。

材料表記
各作品を作るのに必要な材料を一覧で表記しています。

粘土
材料となる粘土の種類です。p.20を見ながら用意してください。分量はこねて丸めたあとのサイズとして、「（球体の直径）玉」で表記しています。モチーフの型をとるために使う粘土（原型）など、モチーフそのものに使う粘土でないものはここには記載せず、プロセス中に「分量外」と表記しています。

UVレジン
材料となるUVレジンの種類です。p.22を見ながら用意してください。UVレジンの分量は記載していません。UVレジンを流し込む器のサイズに応じてそのつど調整してください。

着色料
粘土、UVレジンを着色するための着色料、焼き色をつけるのに使う着色料の種類と色を紹介しています（ホイップとソースの着色は、各項目にわけて紹介しています）。

ホイップ
パンやスイーツのデコレーションに使っているホイップの種類を紹介しています。p.24を見ながら用意してください。カラーホイップの場合は、その着色料の種類と色もここで紹介しています。

ソース
パンやスイーツのデコレーション、フードの仕上げに使っているソースの種類を紹介しています。p.26と各パートのソース作りのコツを見ながら用意してください。

その他
基本の材料以外のものはここにまとめて紹介しています。

トッピング
巻末レシピのパーツ集（p.147～175）では、フルーツ、スイーツ、フード、トッピングの4種類に分けて、モチーフのトッピングやアレンジに使えるパーツを紹介しています。

難易度
作りやすさの度合いを★5つで評価しています。★が少ないほど初心者の人向き。はじめは★1つのものからチャレンジしてみてください。

ステップ写真
どんな流れで作るのか、完成までの大まかな流れがひと目で分かる「ステップ写真」がついています。

Arrange アレンジ
作り方のプロセス写真をのせているモチーフと基本的な作り方は同じ。生地の色を変えたり、仕上げのソースやホイップ、トッピングするパーツを変えたりして作れるモチーフを紹介しています。ここでは変更する材料だけ、その種類や色を記載しています。

Technique テクニック
そのモチーフを作るのに、特筆しておきたい作り方を紹介しています。

Coordinate 盛りつけ例
PART4のフードの作り方（p.106～146）では、モチーフをパーツと一緒にミニチュア食器に盛りつけた例を紹介しています。仕上げにかけるソースもここで確認してください。

道具
材料以外に必要なアイテムです。ミニチュア専用の道具などは便利ですが、なければp.24～30の下部に記載の「100円均一ショップアイテムについて」で紹介しているアイテムや、p.32～34を見ながら、代用できるものを準備してください。

CONTENTS

指先サイズの小さな世界へようこそ！……………………………… 2
本書の使い方…………………………………………………… 12
本書の見方……………………………………………………… 13

PART 1　ミニチュア作りの基本

Basic Lesson 1	粘土 …………………………………………… 20
Basic Lesson 2	UVレジン ……………………………………… 22
Basic Lesson 3	ホイップ ……………………………………… 24
Basic Lesson 4	ソース ………………………………………… 26
Basic Lesson 5	型取り ………………………………………… 28
Basic Lesson 6	質感 …………………………………………… 30
Basic Lesson 7	焼き色 ………………………………………… 31

ミニチュアスイーツ＆フード作りに便利なアイテム集……………… 32

PART 2　パン　-Bread-

パン作りのコツ……………… 36

01 クロワッサン
写真 40／作り方 42
★★★☆☆

02 メロンパン
写真 40／作り方 42
★★★☆☆

03 ベーグル
写真 40／作り方 43
★☆☆☆☆

04 クリームパン
写真 41／作り方 44
★☆☆☆☆

05 あんぱん
写真 41／作り方 44
★☆☆☆☆

06 デニッシュパン
写真 41／作り方 45
★★☆☆☆

07 フランスパン
写真 46／作り方 47
★★★☆☆

08 バタートースト
写真 46／作り方 47
★★★☆☆

※★は作りやすさの度合い。★が少ないものほど簡単に作れます。

PART 3　スイーツ & ドリンク -Sweets & Drink-

スイーツ作りのコツ……………… 50

01
アイスコーヒー
写真 56 ／作り方 58
★★☆☆☆

02
クリームソーダ
写真 57 ／作り方 58
★★★☆☆

03
カフェラテ
写真 57 ／作り方 59
★★★☆☆

04
紅茶
写真 60 ／作り方 61
★☆☆☆☆

05
生ビール
写真 60 ／作り方 61
★★★★☆

06
ドーナツ
写真 62 ／作り方 64
★★☆☆☆

07
アップルパイ
写真 62 ／作り方 65
★★★★★

08
パンケーキ
写真 63 ／作り方 66
★★★★☆

09
ミルフィーユ
写真 63 ／作り方 67
★★★★★

10
フルーツタルト
写真 68 ／作り方 70
★★★★★

11
マカロン
写真 68 ／作り方 71
★★☆☆☆

12
シュークリーム
写真 69 ／作り方 71
★★★☆☆

13
コーヒーゼリー
写真 69 ／作り方 72
★★★☆☆

14
カップケーキ
写真 69 ／作り方 73
★★★★☆

15
プリンアラモード
写真 74 ／作り方 75
★★★★★

16
パフェ
写真 74 ／作り方 76
★★★★★

17
ベイクドチーズケーキ
写真 74 ／作り方 77
★★★★☆

18
ショートケーキ
写真 78 ／作り方 80
★★★★★

19-22
プチケーキ
(シブースト、ラズベリームースケーキ、モンブラン、ブルーベリームースケーキ)
写真 78 ／作り方 81-84
★★★☆☆

23
ソフトクリーム
写真 79 ／作り方 84
★★★☆☆

24
アイスクリーム
写真 79 ／作り方 85
★★☆☆☆

25
かき氷
写真 86 ／作り方 89
★★★★☆

26
どら焼き
写真 86 ／作り方 89
★★☆☆☆

27

豆大福
写真 **87** ／作り方 **90**
★★★☆☆

28

せんべい
写真 **87** ／作り方 **91**
★★☆☆☆

29-30

ねりきり（2色、4色）
写真 **88** ／作り方 **92**
★★☆☆☆

31

団子（みたらし）
写真 **88** ／作り方 **93**
★★☆☆☆

32

クレープ
写真 **94** ／作り方 **95**
★★★★☆

33-34

クッキー
（ムーンライト、しぼり出し）
写真 **94** ／作り方 **96**
★★☆☆☆

35-37

ショコラアソート
（四角、丸、トリュフ（クランチ））
写真 **94** ／作り方 **97-98**
★★★☆☆

PART 4　フード -Food-

フード作りのコツ…………… 100

01

オムライス
写真 **106** ／作り方 **110**
★★★★☆

02

カレーライス
写真 **106** ／作り方 **111**
★★★★☆

03

ミートソースパスタ
写真 **107** ／作り方 **112**
★★★★☆

04

ナポリタン
写真 **107** ／作り方 **113**
★★★☆☆

05

カルボナーラ
写真 **107** ／作り方 **113**
★★★★☆

06

海老フライ
写真 **108** ／作り方 **114**
★★★☆☆

07

ハンバーグ
写真 **108** ／作り方 **114**
★★☆☆☆

08

ステーキ
写真 **109** ／作り方 **115**
★★★★☆

09

ベーコンエッグ
写真 **109** ／作り方 **115**
★★★☆☆

10

とんかつ
写真 **116** ／作り方 **118**
★★★☆☆

11

コロッケ
写真 **116** ／作り方 **118**
★★★☆☆

12

みそ汁
写真 **116** ／作り方 **119**
★★★☆☆

※★は作りやすさの度合い。★が少ないものほど簡単に作れます。

13
天ぷら
写真 116 ／作り方 120
★★★☆

14
天丼
写真 117 ／作り方 120
★★★★☆

15
親子丼
写真 117 ／作り方 121
★★★★☆

16
かつ丼
写真 117 ／作り方 122
★★★★☆

17
牛丼
写真 117 ／作り方 123
★★★★☆

18
卵かけごはん
写真 124 ／作り方 126
★★★☆☆

19
天ぷらそば
写真 124 ／作り方 126
★★★★☆

20
うどん
写真 124 ／作り方 127
★★★★☆

21
焼き鮭
写真 125 ／作り方 128
★★★☆☆

22
おにぎり
写真 125 ／作り方 128
★★★☆☆

23
お弁当
写真 125 ／作り方 129
★★★★☆

24-25
★★★☆☆
★★☆☆☆
焼き鳥（ねぎま、つくね）
写真 130 ／作り方 131

26-31
★★☆☆☆ ★★☆☆☆
★★★☆☆ ★★☆☆☆ ★★☆☆☆ ★★★★☆
寿司（マグロ、サーモン、海老、あなご、玉子、いくら軍艦）
写真 130 ／作り方 132-137

32
餃子
写真 138 ／作り方 139
★★★☆☆

33
シュウマイ
写真 138 ／作り方 139
★★★☆☆

34
ラーメン
写真 138 ／作り方 140
★★★★★

35
チャーハン
写真 138 ／作り方 141
★★★★☆

36-38

★★☆☆☆ ★★☆☆☆ ★★★★☆
コーンスープ　フライドポテト　ハンバーガー
写真 142 ／作り方 143-144

39
ピザ
写真 142 ／作り方 145
★★★★★

40

たこ焼き
写真 142 ／作り方 146
★★★☆☆

巻末レシピ　パーツ集

フルーツパーツ　148

いちご ………… 148

スライスいちご …… 148

半分いちご ………… 149

バナナ ………… 149

キウイ ………… 150

オレンジ ………… 150

スライスオレンジ … 151

りんご ………… 151

黄桃 ………… 152

チェリー ………… 152

ラズベリー ………… 153

ブルーベリー ……… 153

スイーツパーツ　154

チョコスティック … 154

コーン ………… 154

ウエハース ………… 155

フードパーツ　156

レタス ………… 156

千切りキャベツ …… 156

キュウリ ………… 157

プチトマト ………… 157

スライストマト …… 158

タマネギ ………… 158

かぼちゃ ………… 159

にんじん ………… 159

いんげん ………… 159

なす ………… 160

ししとう ………… 160

ピーマン ………… 161

グリーンピース …… 161

長ネギ ………… 162

刻みネギ ………… 162

ジャガイモ ………… 163

皮つきポテト ……… 163

コーン ………… 163

しいたけ ………… 164

豆腐 ………… 164

海老 ………… 165

かまぼこ ………… 165

ハム ………… 166

ベーコン ………… 166

チャーシュー ……… 167

サラミ ………… 167

大根おろし ………… 168

メンマ ………… 168

紅ショウガ ………… 168

ガリ ………… 169

のり ………… 169

わかめ ………… 170

三つ葉 ………… 170

梅干し ………… 171

目玉焼き ………… 171

スライスたまご …… 172

卵焼き ………… 172

ゆで卵 ………… 173

トッピングパーツ　174

クルトン ………… 174

ナッツ ………… 174

ココナッツ ………… 174

スライスチーズ …… 175

粉チーズ ………… 175

かつおぶし ………… 175

パセリ・青のり …… 175

PART

1

ミニチュア作りの基本
-Basic Lesson-

ミニチュアフード＆スイーツ作りを始める前に、基本の材料と道具、その使い方を紹介します。作りたいモチーフのレシピを見ながら、必要なアイテムを用意していきましょう。

Basic Lesson 1

粘土

粘土はミニチュア作りに欠かせない材料のひとつ。
本書で使っている粘土の種類とその特徴を紹介します。

【ミニチュア作りに使える粘土の種類】

乾いたあとの質感や作りたい色に応じて使い分けるのがポイント。
樹脂粘土がもっとも一般的で、100円均一ショップで購入できる粘土もあります。

樹脂粘土

乾くと真っ白のままではなく、半透明になるのが特徴。初心者さんでも扱いやすく、本書でもこちらの粘土をメインに、さまざまなモチーフに使っています。

[特徴]
- ☑ 半透明
- ☑ 成形しやすい質感

初めて作るならまずはこれ！

モデナ
(パジコ)

軽量樹脂粘土

乾くと軽く、耐水性に優れています。そのスポンジのような軽さや質感を活かし、本書ではフワフワ感を出したいパンやケーキのスポンジなどに使っています。色つきのものもあります。

[特徴]
- ☑ 軽い
- ☑ フワッとした質感

無着色 / 色つき

モデナソフト
(パジコ)

マーメイドパフィー
[ビスケット]
(パジコ)

樹脂系ペースト粘土

名前の通り、ペースト状の粘土です。トロッとしたチョコレートやプルプルの半熟卵など、とろとろした質感を表現したいときに使います。

[特徴]
- ☑ ペースト状
- ☑ とろんとした質感

モデナペースト
(パジコ)

透明粘土

透明な粘土で、こねるときに付属の硬化剤を混ぜると固まります。オレンジの果肉など、透明感を表現したいときに使います。

[特徴]
- ☑ 硬化剤を混ぜると固まる
- ☑ 透明感のある仕上がり

透明粘土
(日清アソシエイツ)

カラー粘土

着色しなくてもすでに色がついている粘土。無色の樹脂粘土に混ぜて、色をつけるのに使います。本書では主に焼き菓子の生地とパン粉を表現するのに、イエローオーカーと呼ばれる黄土色のカラー粘土を使っています。

[特徴]
- ☑ 色つき
- ☑ 色むらなく粘土が着色できる

モデナカラー
[イエローオーカー]
(パジコ)

100円均一ショップアイテムについて 無着色の樹脂粘土ならたいていの100円均一ショップで購入が可能です（一部ではカラー粘土の扱いもあり）。また、粘土には紙粘土や土粘土などがあり、本書で使っている粘土はおもに樹脂粘土になります。原料を確認してから購入してください。

【粘土の扱い方】

粘土は必ずよく指先でこねて手のひらで丸めてから使います。
こうすることで粘土の水分が均等になり、のびがよくなり、成形しやすくなります。

1. こねる

袋から必要な分の粘土をちぎって取り出したら、指先でよくこねる。指で広げてはまとめる、という動作を数回行う。

2. 丸める

成形する前に、まず手のひらと指先を使ってコロコロと転がして丸める。水分が均一になるため、成形中の乾燥を防いだり、乾いたあとのひび割れ防止になる。

3. 成形する（つぶす、のばす）

きれいに面を整えたいモチーフは、作業台にクリアファイルをしいて、PPシート（ポリプロピレンシート）のほか、定規など平らにつぶせるものを使い、つぶしたりのばしたりして整えます。表面をつるっとさせないのであれば、手で成形してもOKです。

> **Advice アドバイス｜開封したあとの粘土は密閉して保存する！**
>
> 一度開封した粘土は、空気に直接ふれないように、ラップにくるんでジッパーつきのプラスチック製袋に入れて保存しましょう。一度乾燥してしまった粘土はボソボソして使えなくなるので注意してください。

【粘土の着色の仕方】

粘土は水性アクリル絵の具（p.34）やミニチュア専用の着色料（p.34）を混ぜるか、
カラー粘土を混ぜて色をつけます。いずれも指先でこね、手のひらで丸めるのがポイントです。

1. 着色料を混ぜる

使う分の粘土を取り出したら、よくこねてから中心に着色料をつける。着色料は一度にたくさんつけすぎないこと。

2. こねる

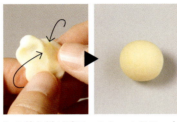

1の着色料が手につかないように、内側にまとめるようにしてこねる。色ムラがなくなるまで数回こねたあと、丸くまとめる※。

※色が薄ければ着色料を追加し、再びこねて調整する。

> **Advice アドバイス｜マーブルカラーも作れる！**
>
>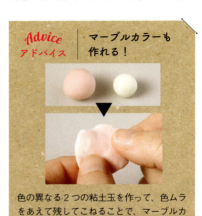
>
> 色の異なる2つの粘土玉を作って、色ムラをあえて残してこねることで、マーブルカラーに着色することもできます。

Basic Lesson 2

UVレジン

UVレジンとは、紫外線で固まる樹脂のこと。UVライトで紫外線を照射すると固まります。本書ではドリンクなど透明感のあるモチーフに使います。

【ミニチュア作りに使えるUVレジンの種類】

UVレジンには固まったあと、プラスチックのようにカチカチに固くなるものと、プニプニとした弾力が出るものがあります。

ハードタイプ

硬化後はクリスタルのような固さと透明感が出ます。本書では「UV-LEDレジン 星の雫ハードタイプ」を使用。こちらはUVライトだけでなくLEDライトでも固まるほか、固まるスピードが早いのが特徴。

特徴
☑ 硬化後はカチカチ
　＆透明になる

初めて作るならまずはこれ！

UV-LEDレジン
星の雫 ハードタイプ
（パジコ）

ソフトタイプ

硬化後はグミのような弾力が出ます。見た目にはハードタイプとあまり違いはありませんが、手ざわりでプニプニ感を表現したい人におすすめです。本書では溶けたバター（p.48）の表現に使っています。

特徴
☑ 硬化後はプニプニ
　＆透明になる

質感にもこだわるならこれ！

UVレジン
太陽の雫 グミータイプ
（パジコ）

【UVレジンの着色の仕方】

UVレジンは液体なので、調色パレット（またはマヨカップなどでも可）に必要な量を出してから、宝石の雫（UVレジン専用の液体着色剤）を混ぜて着色します。

1. 着色剤を垂らす

調色パレットにUVレジンを流したら、宝石の雫を1滴垂らす。宝石の雫は一度にたくさん入れすぎないこと。

2. 着色剤を混ぜる

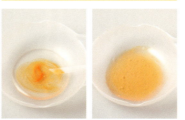

調色スティック（またはつまようじ）で静かに混ぜる。ムラなく混ざったら完成。好みの色になるまで 1、2 を繰り返す※。
※ 色が薄ければ宝石の雫を追加し、再度混ぜて調整する。

Advice アドバイス
混色するときは着色剤の比率が大事！

複数色の着色剤を混ぜて色をつけるときは、各着色剤の比率が大切。UVレジンと着色剤との比率はあまり考えず、薄ければ等倍の着色剤を足せばOK。好みの色ができたら比率をメモしておきましょう。

100円均一ショップアイテムについて　UVレジンは100円均一ショップでも購入できますが、経年で黄色くなってしまうことが。作品を長く保管したいなら、手作りの工芸品を作る材料を専門的に取り扱うクラフトメーカーの商品をおすすめします。また着色料は宝石の雫（UVレジン専用の液体着色剤）のかわりに、水性アクリル絵の具を使ってもOK。100円均一ショップでも購入可能です。

【UVレジンの扱い方】

UVライトを照射してUVレジンを硬化させるとき、透明の型や器に流し込めば紫外線が底まであたり、一度で硬化しますが、色つきの器の場合は固まりづらいことが。
UVレジンを2〜3回にわけて硬化させるときれいに固まります。

透明の型に流し込んで硬化する　>>　例えば　氷　の場合

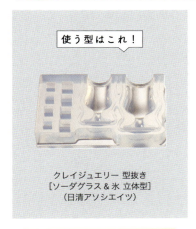

使う型はこれ！

クレイジュエリー 型抜き
[ソーダグラス＆氷 立体型]
（日清アソシエイツ）

1. UVレジンを流し込む

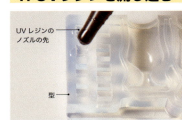

UVレジンのノズルの先／型

型を用意し、ノズルから直接UVレジンを流し込む（型が小さすぎるものは調色パレットにUVレジンを入れてから、調色スティックを使って流す）。

2. UVライトを照射する

UVライト（p.32）

型に流しこんだ状態のままUVライトを照射する。照射時間はサイズにもよるが、2〜4分が目安。UV-LEDライト（p.32）も使える。

3. 型からはずす

UVレジンが硬化したら、型を手でむくようにしてはずす。

4. 完成

軽く表面を指で触ってみてベタベタしていなければ硬化完了。ベタベタしていたら再度UVライトを照射する。あふれてしまい、はみ出した部分は、はさみで切るか紙やすりで整える。

Advice アドバイス　隙間にはつまようじで流し込む！

角のある型はUVレジンを流し込んだだけでは隙間ができてしまい、きれいな形に成形できないことがあります。気泡ができる原因にもなるので、UVレジンを流し込んだあと、つまようじで隙間まで行き渡るように調整しましょう。

透明でない器、色つきの器に流し込んで硬化する　>>　例えば　コーンスープ　の場合

UVレジンを複数回にわけて流し込む

調色スティック

透明でない器や色つきの器に流し込むときは、流したい分量を2〜3回にわけて調色スティックなどを使って流し込み、そのつど2〜4分ほどUVライトを照射する。

Advice アドバイス　白の着色剤を混ぜたUVレジンは照射時間を長めにする！

白の着色剤

白の着色剤を混ぜたUVレジンは透明感がなくなるため、硬化しづらくなります。硬化させるときはUVライトを長めに照射しましょう。

Basic Lesson 3

ホイップ

ミニチュアスイーツに、デコレーションアイテムとして大活躍するのがホイップです。本書で使っているホイップの種類と扱い方を紹介します。

【ミニチュア作りに使えるホイップの種類】

ホイップには大きくわけてシリコーン系と粘土系があります。シリコーン系はホームセンターなどで購入可能な水溶性アクリルシーラントを使用。粘土系はミニチュア専用のホイップを使います。

シリコーン系ホイップ

「水溶性アクリルシーラント」と呼ばれる、通常は家の修繕等に使うシリコーン。固まるとシリコーンなのでプニプニとした触感になります。水溶性なので手についても洗えば問題なし。粘土系ホイップよりもホイップの先（ツノ）がツンと立ちやすいため、きれいにホイップしたいならこちらがおすすめ。

クオリティを追求するならこれ！

特徴
- ☑ ツノが立ちやすい
- ☑ 固まるとプニプニに

水溶性アクリルシーラント
（コーナンオリジナル）
＆ コーキングガン※
※ホームセンターなどで購入可。

粘土系ホイップ

ミニチュア専用の粘土系ホイップ。やわらかくてしぼりやすく、粘土なので固まるとカチカチになります。どちらもしぼり口につける口金（p.34）つき。「チューブタイプ」と「しぼり袋に出して使用するタイプ」があり、チューブタイプはノズルの先に直接口金がつけられ、準備の手間が少ないので、初めての方でも手軽に楽しめます。

しぼり袋に出して使用するタイプ

クリーミィホイップ
（パジコ）

チューブタイプ

初めて作るならまずはこれ！

先端に付属の口金をつけて使う！

ホイップの達人
（タミヤ）

【ホイップの扱い方】

本物のホイップクリームと扱い方は同じです。
しぼり袋にホイップを出したあと、袋の端をしばり、口金をつけましょう。

1. ホイップをしぼり袋に入れる

シリコーン系ホイップの場合は、「コーキングガン」と呼ばれる専用のしぼり出し機を使ってしぼり袋に出す。粘土系ホイップの場合はチューブから直接出すか、付属のスプーンでしぼり袋の中に入れる。

2. 袋の端をしばる

しぼり袋の先端までホイップがいくように手でしごいたら、袋の端をしばる。ホイップに色をつけるなら、袋の端をしばる前に行う（p.25「ホイップの着色の仕方」参照）。

100円均一ショップアイテムについて 100円均一ショップでも、粘土系ホイップなら購入できます。しぼり袋、口金とセットになったものやカラーの粘土系ホイップがあるところも。着色料は粘土やUVレジン同様、100円均一ショップで購入できる水性アクリル絵の具で代用可能です。

3. 口金つきのしぼり袋にセットする

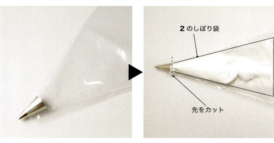

別のしぼり袋を用意する。先をはさみで切り、口金をつける。2のしぼり袋の先もはさみで切り、このしぼり袋と重ねる。

Advice アドバイス しぼり袋の結び目に親指とひとさし指をかけて持つ

しぼるときは結び目あたりに手を添えます。しぼり袋の結び目に親指とひとさし指をかけたら、ほかの指は袋の側面にそえて握りましょう。

【ホイップの着色の仕方】

白いホイップはしぼり袋に出してから着色料を入れて着色します。
いちごホイップやチョコレートホイップ、カスタードホイップなど、用途に応じて色をつけて使います。

1. 着色料を混ぜる

しぼり袋にホイップを出し、着色料を加える。着色料は水性アクリル絵の具やカラー粘土の達人（p.34）などのミニチュア専用の着色料を使う。

2. もみ込む

色ムラがなくなるまで、手でよくもみ込み、袋の先をしばる。

【2色ホイップの作り方】

2色ホイップは1つのしぼり袋に2色のホイップを入れてしぼります。
セットの仕方を覚えておきましょう。本書ではソフトクリームに使っています。

1. カラー／無着色ホイップを準備する

2色のホイップをそれぞれ別のしぼり袋に入れ、先端をはさみで切る。

2. 口金つきのしぼり袋にセットする

1の2色のしぼり袋の先端をそろえ、口金をつけた別のしぼり袋にまとめて入れる。しぼり始めはきれいに2色にならないことがあるので、何回か試しにしぼるとよい。

25

Basic Lesson 4

ソース

スイーツならよりかわいく、フードならよりおいしそうに仕上げるのに欠かせないのがソースです。本書で使っているソースの種類とその作り方、扱い方を紹介します。

【ミニチュア作りに使えるソースの種類】

本書ではミニチュア専用のソースのほか、接着剤（スーパーXなど）やUVレジンを着色してソースとして使っています。接着剤は100円均一ショップでも購入できる一般的なものなので、手軽に楽しめます。

ミニチュア専用ソース

ミニチュア専用に販売されているもの。中身は水性アクリル絵の具で、かけたあとは1日ほど乾かします。ボトルの先が細いノズルになっているのでかけやすく、チョコレートやいちご、キャラメルなど、種類が多いのも魅力。初心者の方でも失敗なくデコレーションできます。

特徴
- ☑ 直接かけられる
- ☑ ノズルが細く、小さいものにかけるのに便利
- ☑ 乾くと透明感が出る

初めて作るならまずはこれ！

トッピングの達人
[左からチョコレートソース、キャラメルソース、オレンジソース、つぶつぶいちごソース、つぶつぶいちごミルクソース]（タミヤ）

アイシングの達人
[イエローシュガーコート]
（タミヤ）

デコソースR
[チョコ]
（パジコ）

スーパーX（接着剤）＋宝石の雫（UVレジン専用の液体着色剤）

接着剤「スーパーX」のクリアタイプを着色し、ソースとして使います。スーパーXは乾燥前も後も透明なので着色しやすく、ソースのとろりとした質感を出すのにぴったり。本書では発色がよく、色数も豊富なUVレジン専用の液体着色剤「宝石の雫」などをおもに使って着色しています。スーパーXのかわりに木工用ボンドやニス、宝石の雫のかわりに水性アクリル絵の具やほかの水性アクリル塗料を使って着色してもOKです。

特徴
- ☑ とろりとした質感を強く出せる
- ☑ 手軽に作れる

※着色料を混ぜることによる接着性能の変化については、メーカーとしては確認していませんのでご了承ください。本書では著者の経験に基づいて掲載しています。

接着剤 ＋ 水性アクリル塗料

スーパーX
（セメダイン）※

宝石の雫
（パジコ）

UVレジン＋宝石の雫（UVレジン専用の液体着色剤）

接着剤と同じくUVレジン（本書ではUV-LEDレジン星の雫ハードタイプを使用）も透明なのでソースにも使えます。また、UVレジンならUVライトを照射すればすぐに固まるので、ソースをすぐ固めたいときにも便利です。色は接着剤と同様、本書ではUVレジン専用の液体着色剤「宝石の雫」を数滴混ぜて作っています。

特徴
- ☑ すぐ固まる
- ☑ 作業時間が短縮できる

UVレジン ＋ 水性アクリル塗料

UV-LEDレジン
星の雫ハードタイプ
（パジコ）

宝石の雫
（パジコ）

100円均一ショップアイテムについて 100円均一ショップでスーパーXは購入できませんが、初心者の方なら100円均一ショップでも購入できる木工用ボンドがおすすめ。速乾性タイプ以外のものを選びましょう。着色料はもともと透明感のあるタイプがおすすめですが、水性アクリル絵の具でもOKです。最近ではクラフトメーカーの商品のようなミニチュア専用ソースも、100円均一ショップで販売されているのでチェックしてみてください。

【スーパーX、UVレジンで作るソースの着色の仕方】

スーパーXでソースを作るときは、まずスーパーXをマヨカップなどの容器に入れ、着色料を数滴たらして着色します。UVレジンのソースの作り方は、UVレジンの着色の仕方（p.22）と同じです。

1. スーパーXを入れる

マヨカップなどの容器にスーパーXを入れる。使う量より少し多めに作っておくとよい。

2. 着色料を垂らす

塗料をつまようじの先にとり、ちょんと1のスーパーXに加える（ノズルから直接垂らしてもOK）。

3. 着色料を混ぜる

ムラがなくなるまで混ぜる。粘度が高いのでグルグルとつまようじでしっかり混ぜる。

【ソースのかけ方】

ミニチュア専用ソースはノズルが細いので直接かけてOK。ただし、かける量やかけるモチーフによって工夫が必要です。スーパーX、UVレジンのソースはつまようじや調色スティックを使ってかけます。

ノズルから直接かける　>>　例えば　タルト、アイスクリーム　の場合

[タルトの場合]

薄くかける

タルトなどの平らな生地の場合、ソースをノズルから直接かけたら、指で薄くのばす。

[マーブルアイスの場合]

1. 筋を入れる

アイスクリームなどの立体感のあるモチーフは、線を描くようにかける。ソースをかけるところにつまようじで筋をつけると、アイス生地にソースが練り込んであるような感じが出る。

2. ライン状に流す

筋のくぼみにソースを細く流し込む。

つまようじを使ってかける　>>　例えば　ホットケーキ、パフェ　の場合

[ホットケーキの場合]

1. つまようじの先にとる

スーパーXのソースの場合、粘度が高いので、つまようじの先につけたら、つまようじをクルクルと回転させて丸く整える。乾かないように素早く行う。

2. 下から上にかける

ホットケーキのような高さのあるモチーフにかける場合、下のほうにすこしかけたあと、つまようじを浮かせたまま、かけたい方向へ引っぱる。

[パフェの場合]

器に入れる

ホットケーキと同様、つまようじの先で丸くソースを整えてから、底にちょんちょんと押しこむ。

Basic Lesson 5

型取り

成形するのに時間がかかるちょっと難しいモチーフや、量産したいときに役立つのが型。本書でもアイスクリームやお寿司のシャリなど、種類をたくさん作りたいときに使っています。

【ミニチュア作りに使える型】

本書ではオリジナルの型作りに使えるシリコーンの型取り材、市販のシリコーン製の型（シリコーンモールド）、そして身近なものを活用して型をとる方法を紹介しています。

シリコーン型取り材

A材とB材の2材をこねて、原型（型を取りたいもの）に押し当てて型を取る型取り材です。2材をこねた瞬間から硬化が始まり、原型を押し当てたまま放置しておくだけで好きな型が作れます。硬化後はシリコーン素材なので取り外しやすい型に。1個モチーフを作ったあと、量産したいときに便利です。

シリコーンモールドメーカー（パジコ）　A材　B材

シリコーンモールド

シリコーン製の市販の型の総称。クラフトメーカーをはじめ、100円均一ショップでも入手可能。キューブ形や球体の他、ミニチュア専用の食器が作れるものもあります。透明のシリコーンならUVライトを透過するので、UVレジンアイテムの型取りにもおすすめ。

シリコーンモールド［キューブ］（エルオー）

ペットボトルのキャップやクッキーの型、カラースケールなどの身近なアイテム

「身近なもので使えるものは使う」これはミニチュア作りの鉄則です。なにか型に使えそうなものはないか、作りたいモチーフの特徴に合わせて探してみてください。

カラースケール（パジコ）

カラースケール（本来はカラー粘土を混色するために粘土を計量する道具）を型として活用。米を詰めれば、きれいな半球形のチャーハン（p.141）に。

100円均一ショップアイテムについて　シリコーンモールドはUVレジンを使ったアクセサリー作りやミニチュア作りを目的として、100円均一ショップでも販売しているので探してみてください。また、シリコーン型取り材も一部の100円均一ショップでは取り扱いがあります。お湯につけるとやわらかくなる、プラスチック粘土で代用するのもおすすめ。こちらも100円均一ショップで購入可能です。

【シリコーン型取り材の使い方】

A材、B材の2材を混ぜ合わせると、およそ3分で硬化が始まります。
ここではシリコーンモールドメーカー（p.28）の使い方を、アイスクリームを原型に使って紹介します。

1. A材とB材を取り出す

ビニール手袋をし、付属の軽量スプーンを使って、A材とB材を同量（1：1の体積）取り出す。

2. 混ぜる

色ムラがなくなるまでよく混ぜる。

3. 原型を押し当てる

型を取りたいもの（ここではアイスクリーム）を**2**にギュッと押し当て、底まで埋める。約3分で硬化が始まるため、やり直しは混ぜ始めから3分以内に行う。

※写真は素手で行っていますが、原則ビニール手袋をして行って下さい。

4. そのまま置く

約30分で硬化する※。
※硬化時間は作業時の温度、湿度によって変わる。

5. 原型を取り出す

型から原型をゆっくり取り出す。これで型は完成。

Advice アドバイス　質感をつけるための型も作れる！

原型はモチーフだけでなく、質感をつけたいものを押し当てて使ってもOK。例えば本書では、網じゃくしを押し当てて、アイスクリームのコーン（p.154）のワッフル模様をつける型として使っています。

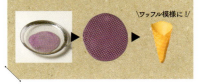

Technique テクニック

シリコーンモールドでミニチュアグラスを作ろう！

本書で使用しているミニチュア食器は、ドリンクグラスなど、一部をシリコーンモールドを使って手作りしています。ここではUVレジンを使ったカフェグラスの作り方を紹介します（UVレジンの扱い方はp.22）。

使う型はこれ！

クレイジュエリー型抜き
カフェグラス トール 立体型
（日清アソシエイツ）

作り方

1

UVレジンをシリコーンモールドに流し込む。

2

蓋をしてずれないように輪ゴムで押さえる。この状態でUVライトを照射する（2〜4分）。

3

硬化したら型からはずす。

4

型の隙間から流れた状態で硬化したUVレジンをニッパーで切り、形を整える。

5

4で切った部分を紙ヤスリでこすってなめらかにする。

6

完成。

Basic Lesson 6 質感

スイーツの生地や食材の質感は、リアリティを出すためにこだわりたいところ。
どんな質感をどのように出すのか、まずは基本的な質感表現を見ていきましょう。

【ミニチュアの質感表現に使える材料と道具】

ミニチュア作りで行う質感表現は、道具でつける場合とニスや塗料で表現する方法があります。

ザラザラ感を出す

表面のザラザラとした質感は、歯ブラシや7本針などの先のとがった道具でつついて表現します。これはスイーツでもフードでも使える、ミニチュア作りに欠かせない作業です。

初めて作るならまずはこれ！

歯ブラシ　7本針

使い方

歯ブラシや7本針などで粘土の表面をトントンとたたく。

筋をつける

薄く重なった生地や食べ物の繊維などはカッター（またはデザインナイフ）で筋をつけて表現します。太くつけたいときはPPシートやつまようじ、調色スティックなどでなぞってつけます。

カッター
つまようじ
調色スティック
PPシート

使い方

カッターの歯を長めに出し、筋をつけたい部分にあてて引く。

つやを出す

焼きたて、揚げたて、みずみずしさといった様子を表現する場合は、つや出しニスを塗って仕上げます。ミニチュア専用のニスは、マニキュアボトルのようにふたが刷毛になっているので、細かいところを塗るのも簡単です。

つや出しニス（タミヤ）

使い方

つやを出したい部分に少量を刷毛で塗る。

粉っぽさを出す

パサパサとした質感やスイーツの粉砂糖をまぶしたような質感を表現する場合は、「トッピングの達人［粉砂糖］」という、ミニチュア専用の白い塗料を使います。乾く前はペースト状の塗料ですが、乾くと粉っぽい質感に変化します。アクリル絵の具（白）を筆にとり、表面をトントンとたたくようにつけてもOKです（筆先はあまり濡らさず、少量をつける）。

トッピングの達人［粉砂糖］（タミヤ）

使い方

上から少量を指でつける。

100円均一ショップアイテムについて　歯ブラシやカッター、PPシートなどは100円均一ショップで購入可能です。ほかにもイメージしている質感が出せそうなものを探して使ってみると楽しさが広がります。ニスはDIYコーナーで、水性の透明のつや出しタイプを選びましょう。100円均一ショップなら、マニキュアのトップコートを使うのもおすすめです。

Basic Lesson 7

焼き色

こんがりと焼けた見た目は、ミニチュアスイーツ&フードのおいしさを引き立たせてくれます。パン、焼き菓子、ハンバーグやステーキなどのグリル料理と、幅広い焼き色表現に使える、基本の材料&道具をそろえておきましょう。

【ミニチュアの焼き色表現に使える材料と道具】

材料はミニチュア専用の着色料「焼き色の達人」かプロスアクリックスなどの水性アクリル絵の具の茶系があればOK。どんな焼き色にしたいかで道具を使いわけます。

焼き色の達人＋アイシャドウチップ※

ミニチュア専用のカラーパレット「焼き色の達人」。まるで化粧品のアイシャドウのような見た目で、色は「うす茶」「茶」「こげ茶」の3色。これさえあればどんな焼き色も簡単に再現できます。

※アイシャドウチップは「焼き色の達人」に付属しています。

初めて作るならまずはこれ！

使い方

「茶」を塗る → 「こげ茶」を重ねる

付属のアイシャドウチップを使って、焼き色をつける。

焼き色の達人（タミヤ）

プロスアクリックス（水性アクリル絵の具）＋面相筆

小さな面に焼き色をつけたいときは、面相筆でプロスアクリックスなどの水性アクリル絵の具をつけていきます。

プロスアクリックス［バーントアンバー、イエローオーカー］（パジコ）　＋　面相筆（先端が細い！）

使い方

面相筆に少量の水性アクリル絵の具をとり、ティッシュペーパーで軽く水分をおさえながら少しずつ焼き色をつけていく。

プロスアクリックス（水性アクリル絵の具）＋スポンジ

広い面にまんべんなく焼き色をつけたいときは、小さく切った食器洗い用スポンジで水性アクリル絵の具をつけていきます。

プロスアクリックス［バーントアンバー、イエローオーカー］（パジコ）　＋　スポンジ

使い方

スポンジにつけすぎたらティッシュペーパーで押さえて調整を！

水性アクリル絵の具をアルミホイルなどの上に出し、小さく切ったスポンジでポンポンと押さえながら焼き色をつけていく。

100円均一ショップアイテムについて　「焼き色の達人」は、100円均一ショップのコスメコーナーで販売されている茶系のアイブロウパウダーやアイシャドウをかわりに使ってみてもよいかもしれません。水性アクリル絵の具は、本書ではマットな質感で発色性に優れている「プロスアクリックス」を使っていますが、100円均一ショップで販売されている水性アクリル絵の具を使ってもOKです。

ミニチュアスイーツ＆フード作りに
便利なアイテム集

PART1で紹介した材料、道具以外にも、ミニチュアスイーツ＆フード作りに使えるアイテムはまだまだたくさんあります。そこで、もっと知りたいという人のために、PART1で紹介した材料、道具も含め、目的別に便利なアイテム集として一挙まとめて紹介します！

成形する

テイクアウトカップ フタ＆ストロー 立体型

カフェグラス トール 立体型

カフェグラス 広口 立体型

ソーダグラス＆氷 立体型

クレイジュエリー 型抜き
（日清アソシエイツ）

クリアファイル
成形するときなどに、テーブルが汚れないように敷いて使う（どの作品にも必ず使うので、各作品ページの道具には記載していません）。

PPシート(p.30)
粘土玉をつぶしたり細くのばしたりするのに使う。線をつけるときにも使える。

シリコーンモールド(p.28)
粘土やUVレジンを型取りするのに使う。

使用中は青い光がつくのでアルミホイルを取り出し口につけておくと作業がしやすい。

カラースケール(p.28)
本来はカラー粘土を混色するために粘土を計量するもの。本書では半球の型として使っている。

シリンジ(p.100)
粘土玉を中に入れて極細に押し出し、小さく切って米粒を作るのに使う。シリンジはその容量によってサイズが異なるが、本書では容量が1mlの細いタイプを使用。先端が細く、目盛りが細かくついているのでおすすめ。

モンブランメーカー(p.103)
粘土玉を中に入れて押しつぶし、細長い麺を作るのに使う。

UVライト(p.23)
UVレジンを硬化させるのに使う。36Wが推奨されている。

UV-LED スマートライトミニ
（パジコ）

シリコーンモールドメーカー
（パジコ）
シリコーン型取り材(p.28)
2材を混ぜて使う型取り材。量産したいものなどの原型をとるのに使う。

粘土はがしの達人（タミヤ）
離型剤
クリアファイルや型に塗ると、粘土がはがしやすくなる。ベビーオイルでも代用可。

おろし金
成形した粘土をおろし、フライの衣（p.101）や粉チーズ（p.175）など、粉末のトッピングパーツを作るのに使う。

UV-LEDライト
ハンディタイプ。UVレジンで作るときに硬化したいものを動かさず、上から紫外線を照射できる。

入手方法 UVライト、モンブランメーカー、カラースケール、シリンジ（細いタイプ）以外は100円均一ショップやホームセンターであればどれも入手可能（UVライト、モンブランメーカー、カラースケール、シリンジ（細いタイプ）はクラフトメーカーの商品を取り扱うお店やネットで購入可）。離型材はベビーオイルでもOKなので、100円均一ショップも活用しましょう。

1 ミニチュア作りの基本 — 便利なアイテム集

はさみ
粘土を細長く切るのに使う。小さい手芸用のデザインばさみ（写真上）が小さいものを切るのに便利。

アイデア使い

ワイヤー・ニッパー
ワイヤーは刻みネギ（p.162）など、粘土の中心を空洞にしたいときに、粘土を巻きつけて使う。本書ではステンレス製の直径1mmのタイプを使用。その他、チェリー（p.152）の茎の表現に、緑の紙が巻かれた紙巻きワイヤー（♯26）を使用している。ニッパーはワイヤーを切るために使う。

両面テープ
クリアファイルの上に貼り、粘土パーツを固定するときに使う。

質感をつける

カッター（p.30）・カッターマット
カッターは粘土の表面に筋をつけたいときに使う。

おすすめ！

7本針・歯ブラシ（p.30）
粘土の表面にザラザラ感を出すのに使う。

つまようじ（p.30）
粘土の表面にへこみをつけたり、線をつけたりするのに使う。

デコレーションにも使える！

ピンセット
小さいものをつけるときや、天ぷらの衣（p.101）など、粘土の表面をけば立たせたいときに使う。

おすすめ！

つや出しニス（タミヤ）　つや消しニス（タミヤ）

ニス（つや出し・つや消し）（p.30）
つや出しニスは粘土の表面につやを出したいときの仕上げに使う。つや消しニスはつやを出さず、粘土の質感を保つのに使う。

おすすめ！

トッピングの達人［粉砂糖］（タミヤ）

トッピングの達人（p.30）
粉状大理石が含まれている合成樹脂塗料。乾くとバサバサとした質感が出せる。乾く前はペースト状の塗料なので、指先にとり、つけたいところにポンポンとつける。

色をつける

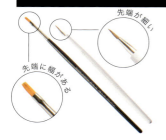

先端が細い　先端に幅がある

筆（平筆・面相筆）（p.31）
先が極細の面相筆（写真右）は小さなパーツの表面に焼き色や色を塗るのに便利。どちらも着色時は筆先をあまり濡らさず、粘土の表面をポンポンとたたくように着色する。

スポンジ（p.31）
カッターで小さく切って、焼き色をつけるのに使う。

おすすめ！

マヨカップ
着色料を入れる容器にちょうどよい大きさのカップ。100円均一ショップなどで購入できる。

調色パレット・調色スティック（パジコ）（p.22）
UVレジンを着色するときに、UVレジンとその専用の着色剤を入れるのに使う容器。調色スティックでかき混ぜて着色する。

入手方法　トッピングの達人（粉砂糖）、調色パレット・調色スティック以外は100円均一ショップで購入可能（本書では、トッピングの達人はタミヤ、調色パレット・調色スティックはパジコの商品を使用。ただし筆は安価なものだと毛が抜けやすいので、クラフトメーカーの商品がおすすめです。トッピングの達人のかわりに、アクリル絵の具（白）を筆にとり、表面をトントンとたたくようにつけるなら、100円均一ショップでも手軽に入手できます。

33

洗濯ばさみ 〔アイデア使い〕
つまようじに粘土を刺して着色した際、つまようじをはさんで固定し、乾かすときの土台として使う。

ウェットティッシュ
作業台が汚れたときや、手をふくのに使う。よく見ると粘土の表面にホコリがついていることもあるので、作業台や手はきれいな状態を保つこと。

水性アクリル絵の具 (p.31) 〔おすすめ！〕
プロスアクリックス（パジコ）／パールカラーアクリル 銀（ダイソー）
粘土の表面を着色する、焼き色をつけるのに使う。プロスアクリックスは発色がよくおすすめだが、100円均一ショップでも水性アクリル絵の具は購入可能。

焼き色の達人（タミヤ）(p.31) 〔おすすめ！〕
付属のアイシャドウチップにパウダー状の着色料をとり、粘土の表面に焼き色をつけるのに使う。うす茶・茶・こげ茶の3色展開。

カラー粘土の達人（タミヤ）〔おすすめ！〕
ミニチュア専用の着色料。水性アクリル絵の具だが、リアルな色の再現性が高い。本書では粘土やホイップの着色に使用している。

宝石の雫（パジコ）(p.26)
本来はUVレジン専用の液体着色剤だが、本書では接着剤（スーパーXなど）に混ぜてソースを作るときにも使っている。

タミヤデコレーションカラー（タミヤ）
ミニチュア専用の水性アクリル塗料。発色がよく、透明感のあるタイプとマットタイプがある。粘土の表面を着色するのに使う。

デコレーションする

しぼり袋 (p.24)
ミニチュア用のホイップを中につめて、ホイップするときに使う。スーパーや100円均一ショップの製菓用品コーナーで購入可能。

口金[6切、8切] (p.24)
しぼり袋の先につけて使う。しぼり出すと星形のような6切（写真左）か花びらのような8切（写真右）が一般的。

ホイップの達人（タミヤ）／**クリーミィホイップ**（パジコ）
ミニチュア専用の粘土系ホイップ (p.24)
しぼり袋も口金も不要な、ミニチュアのデコレーションのための市販のホイップ。ホイップの素材は粘土。

スーパーX（セメダイン）(p.26) 〔おすすめ！〕
手作りソースのもととしてクリアタイプを使う。

水溶性アクリルシーラント（コーナンオリジナル）&**コーキングガン** (p.24) 〔おすすめ！〕
シリコーン系ホイップとして使う。コーキングガンのレバーをにぎり、シリコーンを押し出し、しぼり袋に入れてホイップする。ホームセンターなどで購入可能。

トッピングの達人（タミヤ）(p.26)／**アイシングの達人**（タミヤ）(p.26)／**デコソースR[チョコ]**（パジコ）(p.26)
パンやスイーツをデコレーションするミニチュア専用のソース。本書では「トッピングの達人」「アイシングの達人」「デコソースR[チョコ]」を使用。

木工用ボンド
粘土の表面に塗り、トッピングパーツを接着するのに使ったり、ソース作りにも使う。

ダイヤビーズSS 〔おすすめ！〕
粘土の表面に木工用ボンドを塗ってふりかけ、ザラメ糖の表現として使う。手芸店などで購入可能。

けしの実
あんぱんの表面に木工用ボンドを塗って貼り、ゴマの表現として使う。スーパーなどで購入可能。

ペップ 〔アイデア使い〕
本来はアートフラワー（造花）の花芯に使うもの。本書では「粒状ペップ」と呼ばれる先端が丸いものを、米の表現に使っている。手芸店などで購入可能。

UVレジン用封入パーツ[ホイル] 〔アイデア使い〕
金箔のようなフィルム。ケーキのデコレーションなどに使う。100円均一ショップなどで購入可能。

PART
2

パン
- Bread -

クロワッサン、メロンパン、クリームパン、あんぱん……。パン屋さんでもよく見かける定番のパンをミニチュアで再現しました。各パンの特徴となる、生地の質感や焼き色のつけ方など、よりパンらしく見せるための技を披露します。

パン作りのコツ

ミニチュアパンを作り始める前に、知っておくとよりパンらしく仕上がるコツを6つにまとめました。
各パンの特徴を思い浮かべながらチェックしてみてください。

コツ1 生地の歯ざわり

・サクサク生地は樹脂粘土（モデナ）を使う
・ふんわり生地、もっちり生地は軽量樹脂粘土（モデナソフト）を使う

ひとくちにパンといっても、食べたときにサクサクとした食感のものや、ふわふわとした食感のもの、もっちりと弾力のあるものとさまざま。ミニチュアパンは食べられはしないものの、そんなパンの歯ざわりを粘土を使いわけることで表現することができます。樹脂粘土（モデナ）は、乾くとカチカチになるため、歯ざわりがサクサクとしたパン向き。一方、軽量樹脂粘土（モデナソフト）は乾くと弾力があり、ふんわりと軽いため、ふわふわ生地、もっちり生地のパンに使います。

樹脂粘土
モデナ
（パジコ）

サクサク生地

クロワッサン（p.42）

デニッシュパン（p.45）

軽量樹脂粘土
モデナソフト
（パジコ）

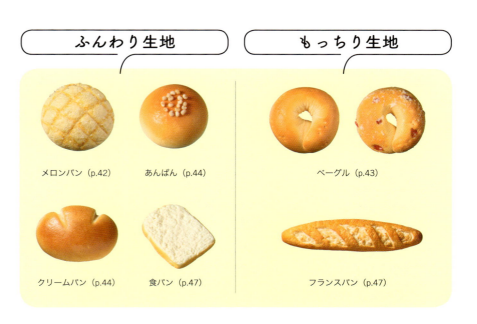

ふんわり生地

メロンパン（p.42）　あんぱん（p.44）

クリームパン（p.44）　食パン（p.47）

もっちり生地

ベーグル（p.43）

フランスパン（p.47）

コツ2 生地の色

- 焼く前のパン生地の色は水性アクリル絵の具（プロスアクリックス）の**イエローオーカー**で表現する

パン生地は小麦粉に卵黄を入れてこねて作るので、焼く前はどんなパンでも薄い黄色をしています。とはいえ、着色料のイエローを混ぜるとなんだか明るすぎて、おもちゃ感が出てしまいます。おすすめなのは、水性アクリル絵の具、プロスアクリックスのイエローオーカー。粘土玉に右の写真のようにちょんとつけるくらいの量を混ぜると発酵させたようなパン生地の色になります。

＼イエローオーカー／

水性アクリル絵の具
プロスアクリックス
（パジコ）

〔 焼く前のパン生地の色を再現！ 〕

粘土玉にほんのちょっとプロスアクリックス（イエローオーカー）を混ぜる。

- クリームパン（p.44）
- 食パン（p.47）
- メロンパン（p.42）

コツ3 生地の質感

- 生地のザラザラ感は歯ブラシや7本針でトントンたたいて出す
- メロンパンの筋やデニッシュ生地の層は**カッターやクリアファイル**でつける

パンの表面には焼くと細かい気泡ができ、ザラザラとした質感になります。あんぱんのようにツルンとした質感のものは別として、このザラザラとした質感をつけるのがパン生地の質感のポイント。表面の格子状の筋が特徴のメロンパンや、生地が層になっているデニッシュパンは、カッターやPPシートなどで筋をつけると本物らしくなります。

〔 生地のザラザラ感を表現！ 〕

＼歯ブラシ／

デニッシュパンの場合

歯ブラシでトントンとたたき、粗めのザラザラ感を出す。

＼7本針／

フランスパンの場合

7本針でトントンとつつき、細かいザラザラ感を出す。

〔 模様や層を表現！ 〕

＼カッター／

デニッシュパンの場合

側面にカッターで細かく筋を入れ、生地の層を表現する。

＼クリアファイル／

メロンパンの場合

表面に小さく切ったクリアファイルを縦に押しあて、格子状の筋をつける。

コツ4 焼き色

- 表面の焼き色は焼き色の達人の茶、こげ茶を重ね塗りする
- メロンパンの筋の焼き色は、水性アクリル絵の具（プロスアクリックス）のイエローオーカーを面相筆でつける

パンの焼き色は、どのパンも同じではなく、その**パンの形状によって、焼き色が濃くつくところと薄くつくところ**が出てきます。それを表現するため、**焼き色をつけるときは1色ではなく茶、こげ茶の2色を重ね塗り**します。本書では**焼き色の達人（茶）をまず表面全体に塗ったあと、さらにパンの焼き色が濃いところに（こげ茶）を重ねて塗り**ます。焼き色が濃いところとは、**丸いパンなら中央部分、四角いパンは角やふち**。これはパン生地がふくらむにつれて、オーブンに近づくところがよく焼けるから。ただし、**メロンパンは例外で、表面はクッキー生地で白っぽいままなので、成形するときにつけた筋の部分に面相筆を使って焼き色をつけましょう**。

表面の焼き色

茶／こげ茶
焼き色の達人（タミヤ）

クリームパンの場合
茶／こげ茶
ふちを残して表面全体に焼き色の達人（茶）を塗った後、中央部分に焼き色の達人（こげ茶）を重ねて塗る。

イエローオーカー／面相筆
水性アクリル絵の具 プロスアクリックス（パジコ）

メロンパンの場合
面相筆にプロスアクリックス（イエローオーカー）をとり、格子状の筋に焼き色をつける。

コツ5 つや・粉砂糖

- 表面に卵黄を塗って焼いた感じの質感は、つや出しニスを塗って仕上げる
- デザートパンはトッピングの達人（粉砂糖）をつけて表現する

あんぱんやクリームパンといった昔ながらの**素朴なパンは、焼く前に表面に刷毛で卵黄を塗り、焼き色をつやつやに仕上げています**。このつやをミニチュアパンでも表現すると、見た目もかわいく、おいしそうな仕上がりに。焼き色をつけたあと、**仕上げにつや出しニスを塗りましょう**。また、フルーツをトッピングしたようないわゆる**「デザートパン」は仕上げにトッピングの達人（粉砂糖）をつける**とよりスイーツ感が出ます。

つやあり
つや出しニス（タミヤ）

クロワッサンの場合
つやつやの濃いめの焼き色が◯。

粉砂糖
トッピングの達人［粉砂糖］（タミヤ）

デニッシュパンの場合
甘くておいしそうな見た目でスイーツ感がアップ。

コツ 6 ソース・トッピング

・パンはソース・トッピングでバリエーションを出す

ソースをかけたり、クリームをサンドすれば、同じ種類のパンを使っていろんなバリエーションが楽しめます。特に<mark>パンは菓子パン、総菜パンとソースやトッピングで変化をつけやすいモチーフ</mark>です。パン屋さんでデコレーションを研究して色々アレンジしてみてください。また、<mark>トッピングで変化をつけるのもバリエーションを増やすコツ</mark>。ミニチュアパンに使えるトッピングは本書の巻末レシピ（p.147〜175）にたくさん紹介しているので、必要なパーツを作ってアレンジしましょう。

ミニチュアパン人気ソース早見表

以下は本書のミニチュアパンで使っているソースです。
ミニチュア専用ソースから、着色料をオリジナルで調合したものまで計 5 種類をご紹介！

【クリームパンのクリーム】(p.44)
<mark>スーパーX＋プロスアクリックス（ホワイト、イエロー、イエローオーカー）を 3：1：1 で混色する。</mark>

【デニッシュパンのいちごソース】(p.45)
<mark>トッピングの達人［つぶつぶいちごソース］（タミヤ）</mark>

【オープンサンドのマヨネーズ】(p.48)
<mark>木工用ボンド＋プロスアクリックス（ホワイト、イエロー）を 2：1 で混色する。</mark>

【チョコクロワッサンのチョコレートソース】(p.42)
<mark>デコソース R［チョコ］（パジコ）</mark>

【オープンサンドのとんかつソース】(p.48)
<mark>UV レジン（星の雫）＋宝石の雫（ブラウン、オレンジ）を 3：2 で混色する。</mark>

ミニチュアパンに使えるパーツ集

Bread 01 クロワッサン

作り方 p.42

クロワッサンは7本針とカッターでパイ生地の質感を出すのがポイント。焼き色にもこだわって本物そっくりに仕上げます。

原寸大

Bread 02 メロンパン

作り方 p.42

フワフワのパン生地の上にビスケット生地をのせて焼いたメロンパン。格子状に入れた筋と焼き色がポイントです。

原寸大

Bread 03 ベーグル

作り方 p.43

細長く伸ばした生地をリング状に成形。生地の色を変えたり、トッピングをプラスすれば、バリエーション豊かに作れます。

原寸大

作り方 p.44

Bread / 04 クリームパン

野球のグローブのような、切れ込みの入った形が特徴のクリームパン。こんがりとした焼き色と、光沢感のある生地で本物らしく。

原寸大

作り方 p.44

Bread / 05 あんぱん

素朴な焼き色と、表面のゴマを再現するのがポイント。半分に切ったものは断面の質感にもこだわって、あんこをのぞかせました。

原寸大

Bread / 06 デニッシュパン

作り方 p.45

サクサクとしたデニッシュ生地は、カッターで細かい筋を入れて表現。上にはフルーツ、ソースをトッピング。粉砂糖をまぶせば完成です。

原寸大

01 クロワッサン ★★★☆☆

成形し、質感をつける

焼き色・つやをつける

材料（1個分・縦0.8×横1.8×厚さ0.5cm）
- 粘　土…樹脂粘土（モデナ）1cm玉
- 着色料…プロスアクリックス（イエローオーカー）
  焼き色の達人（茶、こげ茶）
- その他…つや出しニス

道具
- カッター
- 7本針または歯ブラシ

作り方

生地を成形する

❶ 粘土をプロスアクリックス（イエローオーカー）で着色する。

❷ ❶の粘土を底辺1.8cmほどの三角形に整える。

質感をつける

❸ 7本針や歯ブラシで表面をトントンとたたく。

❹ カッターで斜めに筋をつけ、パイ生地の質感を出す。

\POINT/
❸、❹をくり返し、質感を調整する。

焼き色をつける

❺ 焼き色の達人（茶）で表面に焼き色をつける。

❻ 焼き色の達人（こげ茶）でさらに色を重ねる。

つやをつける

❼ つや出しニスを塗って完成。

Arrange アレンジ　チョコクロワッサン
❻のあと、チョコレートソース（p.39）をつまようじにとり、生地の表面にしま模様にかけて作ります。
→チョコレートソース(p.39)

02 メロンパン ★★★☆☆

成形し、質感をつける

焼き色をつける

トッピングする

材料（1個分・直径1.5×厚さ0.8cm）
- 粘　土…樹脂粘土（モデナソフト）1.4cm玉
- 着色料…プロスアクリックス（イエローオーカー）
- その他…ダイヤビーズSS

道具
- 7本針または歯ブラシ
- カッター
- クリアファイルを小さく切ったもの
- 面相筆
- アルミホイル（パレットに使用）
- 木工用ボンド
- つまようじ

作り方

生地を成形する

❶ 粘土をプロスアクリックス（イエローオーカー）で着色する。

❷ ❶の粘土を丸めたら、外側を軽くつぶして底面を平らにし、ドーム型にする。

質感をつける

❸ 7本針や歯ブラシで表面をトントンとたたき、クッキー生地の質感を出す。

❹ カッターで格子状の筋をつける。

❺ クリアファイルで❹をなぞるようにして筋をつける。

\POINT/
カッターでつけた筋を少し太くしていくイメージ。

焼き色をつける

❻ 表面が乾いたら、プロスアクリックス（イエローオーカー）を筆にとり、❹、❺で筋をつけた部分に塗る。

\POINT/　筆先は水で濡らしすぎないようにする。

トッピングする

 ❼ 着色料が乾いたら、木工用ボンドをつまようじにとり、表面に薄く塗る。

 ❽ ダイヤビーズSSをふりかけ、表面にまぶしていく。

 ❾ 乾いたら完成。

---

03 ベーグル ★☆☆☆☆

成形し、質感をつける → 焼き色・つやをつける

材料（1個分・直径1.4×厚さ0.6cm）
- 粘　土…樹脂粘土（モデナソフト）1cm玉
- 着色料…プロスアクリックス（イエローオーカー）焼き色の達人（茶、こげ茶）
- その他…つや出しニス

道具
・歯ブラシ

作り方

生地を成形する

 ❶ 粘土をプロスアクリックス（イエローオーカー）で着色する。

 ❷ ❶の粘土を手のひらで転がし、長さ4cmほどの棒状にする。両端を重ねてリング状にする。

質感をつける

❸ 歯ブラシで表面をトントンとたたく。
\POINT/ 軽くたたく程度で、質感をつけすぎないようにする。

焼き色をつける

 ❹ 焼き色の達人（茶）で表面に色をつける。

 ❺ 焼き色の達人（こげ茶）でさらに色を重ねる。

つやをつける

 ❻ つや出しニスを塗って完成。

Arrange アレンジ

ベーグル3種

❶のときに、抹茶ベーグルとチョコベーグルはそれぞれ生地の色をかえて作ります。クランベリーベーグルは、❸のあとつまようじで生地にドライクランベリー（作り方は右写真参照）を埋め込み、❻のあとにトッピングの達人（粉砂糖）を指でつけて仕上げます。

抹茶ベーグル
粘土をタミヤデコレーションカラー（抹茶）(p.34)で着色する

チョコベーグル
粘土をカラー粘土の達人（チョコレート）(p.34)で着色する

クランベリーベーグル
トッピングの達人（粉砂糖）をつける／ドライクランベリーをつける

ドライクランベリーの作り方

1 クリアファイルにトッピングの達人（つぶつぶいちごソース）を厚めに塗り、乾かす。

2 乾いたらクリアファイルからはがす。

 3 はさみで細かくカットすれば完成。

04 クリームパン ★☆☆☆☆

 成形する
 焼き色・つやをつける

材料（1個分・縦1.2×横1.7×厚さ0.5cm）
- 粘　土…樹脂粘土（モデナソフト）1.2cm玉
- 着色料…プロスアクリックス（イエローオーカー）焼き色の達人（茶、こげ茶）
- その他…つや出しニス

道具
- つまようじ

作り方

生地を成形する

❶ 粘土をプロスアクリックス（イエローオーカー）で着色する。

❷ ❶の粘土を楕円形にし、底面を平らにする。つまようじで2カ所に筋を入れグローブ形にする。

焼き色をつける

❸ 焼き色の達人（茶）で表面に色をつける。

❹ 焼き色の達人（こげ茶）でさらに色を重ねる。
\POINT/ 中央のふくらみ部分を少し濃く塗る。

つやをつける

❺ つや出しニスを塗って完成。

Arrange アレンジ

1/2カットのクリームパン
❺のあと、生地を半分にカットします。断面を7本針や歯ブラシでトントンとたたき、中央をカッターで軽くくり抜きます。くり抜いたところにクリームを入れて乾かします。

クリーム（p.39）

---

05 あんぱん ★☆☆☆☆

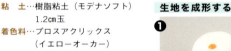 成形する → 焼き色をつける → トッピングする

材料（1個分・直径1.3×厚さ0.9cm）
- 粘　土…樹脂粘土（モデナソフト）1.2cm玉
- 着色料…プロスアクリックス（イエローオーカー）焼き色の達人（茶、こげ茶）
- その他…つや出しニス、けしの実

道具
- 木工用ボンド

作り方

生地を成形する

❶ 粘土をプロスアクリックス（イエローオーカー）で着色する。
\POINT/ 色は薄めにしておく。

❷ ❶の粘土を丸める。外側を軽く押さえて底面を平らにし、ドーム型にする。

焼き色をつける

❸ 焼き色の達人（茶）で表面に色をつける。

❹ 焼き色の達人（こげ茶）でさらに色を重ねる。
\POINT/ 中央のふくらみ部分を少し濃く塗る。

つやをつける

❺ つや出しニスを塗り、少し乾かす。

❻ 中央に木工用ボンドをつける。

トッピングする

❼ ❻の上にけしの実を貼りつける。乾いたら完成。

Arrange アレンジ

1/2カットのあんぱん
❹のあと、生地を半分にカットします。中央をカッターで軽くくり抜き、あんこ（p.52）を詰めます。断面を7本針や歯ブラシでトントンとたたいたら、❺〜❼と同様にして、つやとけしの実をつけます。

あんこ（p.52）

06 デニッシュパン ★★☆☆☆

成形し、質感をつける → 焼き色・つやをつける → トッピングする

材料（1個分・縦1×横1.5×高さ0.9cm）

- 粘　土…樹脂粘土（モデナ）1.2cm玉
- 着色料…プロスアクリックス（イエローオーカー）焼き色の達人（茶、こげ茶）
- ソース…【いちごソース（p.39）】トッピングの達人（つぶつぶいちごソース）
- その他…つや出しニス　トッピングの達人（粉砂糖）

道具
- ・7本針または歯ブラシ
- ・カッター

作り方

生地を成形する

❶ 粘土をプロスアクリックス（イエローオーカー）で着色する。

❷ 厚さ0.9cmほどの直方体に形を整える。

質感をつける

❸ 7本針や歯ブラシで表面をトントンとたたく。

❹ カッターで側面に細かい筋を入れ、デニッシュ生地の質感を出す。

焼き色をつける

❺ 筆の背などで、表面の中央にくぼみを作る。

❻ 焼き色の達人（茶）で表面に色をつける。

❼ 焼き色の達人（こげ茶）でさらに色を重ねる。

つやをつける

❽ つや出しニスを塗る。

トッピングする

❾ トッピングの達人（粉砂糖）を指にとり、表面にトントンとつける。

❿ いちごソース（p.39）を、中央のくぼみに流し込む。

⓫ ソースが乾いたら完成。

POINT　ミニチュア専用ソース（p.26）は、乾くと透明感が出る。完成の色味の目安にするとよい。

Arrange アレンジ

フルーツデニッシュ3種

❾のあと、パンの中央のくぼみにスーパーXを厚めに塗り、フルーツパーツを貼りつけて作ります。他にもパーツ集（p.147～175）から好きなパーツを作って試してみてください。

りんごデニッシュ：りんご（p.151）を細かくカットしたものをのせる
ブルーベリー（p.153）をのせる
キウイ（p.150）を1/4にカットしたものをのせる
ブルーベリーデニッシュ／キウイデニッシュ

パン Bread ─ クリームパン／あんぱん／デニッシュパン

45

Bread 07 フランスパン

作り方 P.47

「クープ」と呼ばれる表面の切り込みがポイント。表面を薄く切り取って表現します。焼き色にもこだわって、固くパリッとした感じを出しましょう。

原寸大

Bread 08 バタートースト＆オープンサンド

作り方 P.47

生地の表面は7本針や歯ブラシを使って質感を出します。側面に焼き色をつけたら、バターやフルーツ、野菜など、好きなパーツをトッピングして楽しんで。

原寸大

07 フランスパン ★★★☆☆

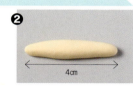

材料（1個分・縦0.9×横4×厚さ0.5cm）
- 粘　土…樹脂粘土（モデナソフト）1.4cm玉
- 着色料…プロスアクリックス（イエローオーカー）焼き色の達人（茶、こげ茶）
- その他…つや消しニス

道具
- 7本針または歯ブラシ
- デザインナイフまたはカッター

作り方

生地を成形する

❶ 粘土をプロスアクリックス（イエローオーカー）で着色する。

❷ ❶を手で転がして長さ4cmほどの棒状にする。

質感をつける

❸ 7本針や歯ブラシで全面をトントンとたたき、質感を出す。

焼き色をつける

❹ 焼き色の達人（茶）、（こげ茶）の順に表面に色をつける。

模様を入れる

❺ デザインナイフで写真のように表面を薄く切りとる。

❻ ❺で切りとったところに、焼き色の達人（茶）をつける。

仕上げる

❼ つや消しニスを塗って、完成。

Arrange アレンジ

ガーリックトースト

基本のフランスパンを作ったら、斜めにカットして断面を7本針や歯ブラシでトントンとたたきます。ガーリックバターをつまようじで断面に塗り、パセリ（p.175）を散らせば完成です。

ガーリックバター
つや出しニス
＋宝石の雫（イエロー）

パセリ（p.175）

---

08 バタートースト ★★★☆☆

材料
（1個分・縦1.7×横1.3×厚さ0.4cm）※
※バターの厚みは除く。

- 粘　土…樹脂粘土（モデナソフト）1.2cm玉
  樹脂粘土（モデナ）0.5cm玉※
  ※バターに使用。着色しやすいように少し多めに用意する。
- UVレジン…太陽の雫（グミータイプ）
- 着色料…プロスアクリックス（イエローオーカー、イエロー、ホワイト）焼き色の達人（茶、こげ茶）宝石の雫（イエロー）

道具
- つまようじ
- 7本針または歯ブラシ
- 木工用ボンド
- 調色パレット
- 調色スティック
- UVライト

作り方

生地を成形する

❶ 粘土（モデナソフト）をプロスアクリックス（イエローオーカー）で着色する。

❷ ❶の粘土を山型食パンの形に整える。

❸ 上から1/4ほどのところにつまようじを押しあて、筋をつける。

質感をつける

❹ 7本針や歯ブラシで表面をトントンとたたく。

側面に焼き色をつける

❺ パンの側面に、焼き色の達人（茶）で色をつける。

❻ 食パンのできあがり。

POINT
ここで完成とする場合は、側面（焼き色部分）につや消しニスを塗る。

08 バタートースト

表面に焼き色をつける

❼ 焼き色の達人（茶）、（こげ茶）の順に色をつける。
\POINT/
塗りムラができるくらいラフにつける。ふちは濃いめにつける。

❽ トーストのできあがり。
\POINT/
ここで完成とする場合は、表面につや消しニスを塗る。

トッピングする

❾ トーストの上にのせるバターを作る。粘土（モデナ）をプロスアクリックス（イエロー、ホワイト）で着色する。
\POINT/
着色料は1：1で混色する。

❿ ❾を0.2cm玉ほどとり、指先で四角いバターの形にする。木工用ボンドで食パンに貼りつける。少し乾かす。

⓫ UVレジンを宝石の雫（イエロー）で着色し、溶けたバターを作る。

⓬ ⓫を調色スティックに取り、❿の表面に塗る。
\POINT/
バターのまわりに多めに塗る。

⓭ UVライトを照射する（2～3分）。硬化したら完成。

Arrange アレンジ **オープンサンド**
❻のあと、好きな食材をのせたり、ソースをかけて作ります。

48

PART 3

スイーツ＆ドリンク
- Sweets & Drink -

ミニチュア界でも不動の人気を誇る、スイーツ＆ドリンク。生地の質感へのこだわりはもちろん、スイーツパーツやホイップでデコレーションするのも楽しさのひとつです。見た目にもかわいいスイーツ＆ドリンクを作りましょう。

スイーツ作りのコツ

知っておくとよりかわいくリアルに仕上がるミニチュアスイーツ作りのコツを7つにまとめました。生地の成形からホイップ＆ソースでのデコレーションまで、お菓子職人になったつもりでコツを押さえていきましょう。

コツ1 生地の歯ざわり

- パイ生地、タルト生地、シュー生地、クッキー生地は樹脂粘土（モデナ）を使う
- ケーキ生地、マカロン生地は軽量樹脂粘土（モデナソフト）を使う

樹脂粘土
モデナ
（パジコ）

パイ生地 — アップルパイ (p.65)
タルト生地 — フルーツタルト (p.70)
シュー生地 — シュークリーム (p.71)
ミルフィーユ (p.67)
クッキー生地 — クッキー (p.96)
クレープ生地 — クレープ (p.95)

パンと同様、本物のお菓子生地もその歯ざわりに違いがあります。それを表現するために樹脂粘土（モデナ）と軽量樹脂粘土（モデナソフト）の2つを使いわけています。比較的歯ごたえのあるパイ生地、タルト生地、シュー生地（本書ではサクサク系を想定）、クッキー生地は樹脂粘土（モデナ）を、ふんわりやわらかいケーキ生地、マカロン生地は軽量樹脂粘土（モデナソフト）で表現します。ちなみにクレープ生地はもちもち生地もありますが、本書ではきれいに包んだ形をキープするために、カチカチに固まる樹脂粘土（モデナ）を使っています。

軽量樹脂粘土
モデナソフト
（パジコ）

ケーキ生地 — パンケーキ (p.66)
ショートケーキ (p.80)
マカロン生地 — マカロン (p.71)

| コツ2 生地の色 | ・洋菓子の生地の色は水性アクリル絵の具（プロスアクリックス）のイエローオーカーを基本に使う
・ミルフィーユ生地は水性アクリル絵の具（プロスアクリックス）のイエローオーカーとバーントアンバーを1：1で混色して表現する
・ケーキの土台に使われるビスケット生地は水性アクリル絵の具（プロスアクリックス）のバーントアンバー1色で表現する |

本物の洋菓子の生地は、こちらもまたパンと同様、小麦粉を主体に卵を入れてさっくりと混ぜて作るため、薄い黄色をしています。そして、この「卵を混ぜた生地の黄色」は水性アクリル絵の具（プロスアクリックス）のイエローオーカーで表現できると覚えておきましょう。ただし、ミルフィーユ生地だけは例外。薄い層から成る生地が均一にパリッと焼かれている感じを出すために、イエローオーカーにバーントアンバーを1：1で混ぜて表現します。また、チーズケーキやモンブランなどのケーキに見られる、ビスケット土台ですが、こちらはスポンジケーキよりも焼き色がついた感じに見せるため、バーントアンバー1色の濃い茶色で表現します。

洋菓子の生地の色を再現！

ケーキ生地はパンと同様、粘土玉にほんのちょっとプロスアクリックス（イエローオーカー）を混ぜる。

ドーナツ（p.64）
ショートケーキ（p.80）

イエローオーカー
プロスアクリックス（パジコ）

バーントアンバー
プロスアクリックス（パジコ）

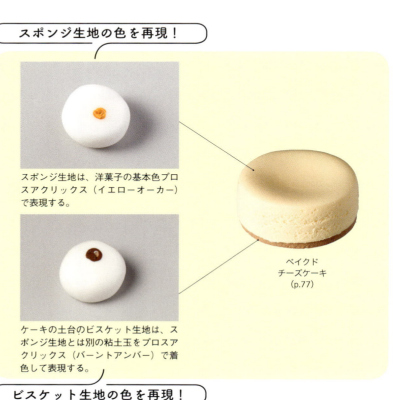

スポンジ生地の色を再現！

スポンジ生地は、洋菓子の基本色プロスアクリックス（イエローオーカー）で表現する。

ケーキの土台のビスケット生地は、スポンジ生地とは別の粘土玉をプロスアクリックス（バーントアンバー）で着色して表現する。

ビスケット生地の色を再現！

ベイクドチーズケーキ（p.77）

> **コツ3 あんこの色**
> - あんこの色は水性アクリル絵の具（プロスアクリックス）の
>   レッド、バーントアンバー、ロイヤルブルー、ブラックの
>   4色を同比率で混色して作る

和菓子に欠かせないあんこ。生地の中に隠れてしまうのでこだわらなくても、と思うかもしれませんが、あんこの色がリアルだと、半分に切って断面を見せたり、薄皮にして中のあんこを透けさせるなどの小ワザの効いた表現ができます。本書で使っているあんこの色は水性アクリル絵の具（プロスアクリックス）のレッド、バーントアンバー、ロイヤルブルー、ブラックの4色を混ぜて作っています。赤でもなく黒でもなく、やや紫がかった茶色を目指して再現してみましょう。

プロスアクリックス　（パジコ）

あんこの色を再現！

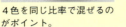
4色を同じ比率で混ぜるのがポイント。

カット豆大福（p.91）

> **コツ4 焼き色**
> - 焼き菓子（せんべい含む）の焼き色は焼き色の達人の茶、こげ茶
>   を重ね塗りする
> - クレープの生地、団子の焼き色は、水性アクリル絵の具（プロスアクリックス）のイエローオーカー、バーントアンバー、オレンジ、イエローをつけて、面相筆で描く

スイーツの焼き色も基本的にはパンと同じ（p.38）。表面全体に、焼き色の達人を重ねづけして表現します。ベイクドチーズケーキ（p.77）など、高さのあるスイーツは、側面にも焼き色をつけます。生地の焼き色はそのスイーツの形状によって変わるので、中央部分の焼き色が濃いものか、ふちの焼き色がこいものか各作り方を参考にしてつけてみてください。また、焼き色自体がそのスイーツの特徴となってくるのがクレープと団子です。これらは生地全体にまんべんなく焼き色がつかないため、水性アクリル絵の具を面相筆にとって模様のように描いて表現します。

茶／こげ茶
焼き色の達人（タミヤ）

イエローオーカー／バーントアンバー／イエロー／オレンジ
プロスアクリックス（パジコ）
面相筆　＋

まんべんなくつく焼き色
パンケーキの場合
ふちを残し、表面全体に焼き色の達人（茶）（こげ茶）を重ねづけする。

ベイクドチーズケーキの場合
ふちの焼き色が一番濃くなるように、側面にもまんべんなく焼き色をつける。

模様のようにつく焼き色
団子（みたらし）の場合
団子の中心に面相筆で、プロスアクリックス（イエローオーカー、バーントアンバー）を混ぜたものをチョンチョンとつける。

クレープの場合
生地のふちと側面に、面相筆でプロスアクリックス（イエロー、オレンジ、バーントアンバー）を混ぜてつける。側面はうろこのような模様の焼き色を描く。

コツ 5 生地の質感

- ケーキ生地の側面のふんわり感やザラザラ感は
  歯ブラシや7本針でトントンたたいて出す
- ミルフィーユ生地のサクサク感は
  粘土を小さくちぎったものを重ねて表現する
- せんべいの凸凹感は、
  本当にオーブントースターで焼いて表現する

ホールケーキのスポンジ生地やどら焼きの皮などの**ケーキ生地の特徴は「表面つるん、側面＆断面ふわふわ」**です。これは型に流し込んだ生地が焼くと膨らんで、細かい気泡のようなものが現れるからです。**この気泡を歯ブラシや7本針でトントンとたたいて表現**することで、より本物っぽいケーキ感が出ます。また、**ミルフィーユのパリパリとした質感の**、薄く重なった生地は、**薄くのばした粘土を細かくちぎり、それを地道に重ねて層にする**ことで緻密に再現しています。ちなみに**せんべい**は、歯ブラシや7本針でたたいて質感を出すだけでは足りず、**粗い凸凹感を出すために本当にオーブントースターで焼いて膨らませます**。

生地のふんわり感を表現！

ベイクドチーズケーキの場合

7本針

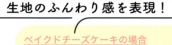

側面を7本針でトントンとたたく。

1ピースカットする場合

焼き色をつけたあと、側面も7本針でたたく。

生地のザラザラ感を表現！

クッキー（ムーンライト）の場合

歯ブラシ

ケーキよりも粗めの凸凹感を出すために、歯ブラシでトントンとたたく。

生地のパリパリ感を表現！

ミルフィーユの場合

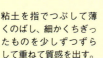

粘土を指でつぶして薄くのばし、細かくちぎったものを少しずつずらして重ねて質感を出す。

生地の凸凹感を表現！

7本針

せんべいの場合

+

オーブントースター

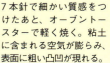

7本針で細かい質感をつけたあと、オーブントースターで軽く焼く。粘土に含まれる空気が膨らみ、表面に粗い凸凹が現れる。

コツ6 ホイップ

・生クリームを使ったスイーツは仕上げにホイップでデコレーションする

本書ではケーキをはじめ、パフェやゼリーの仕上げにと、いろんなところにホイップをしています。ホイップの準備はPART1のBasic Lesson3（p.24）で紹介しましたが、ホイップの仕方も本物のケーキデコレーションと同じです。仕上がりをゴージャスに、そしてかわいく見せる、ホイップテクを身につけましょう。

ミニチュアスイーツに使えるホイップテク

以下は本書のミニチュアスイーツで使っているホイップテクです。どのようにホイップするのか、詳しく見ていきましょう。口金（p.34）はここではすべて6切を使っています。

1. ソフトクリーム

本物のソフトクリームのように高さを出してホイップします。

1. スタートは口金をデコレーション面につけずやや斜めに倒し、円を描くように1周ホイップする。
2. 1の上に重ねるようにもう1周、少し1より小さい円をイメージしてホイップする。
3. 最後はしぼりをとめて※、ツノが立つようにスッと上へと口金を引き上げる。

2. ツノ

上部をツンととがらせるようにホイップします。

  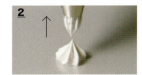

1. スタートは口金をデコレーション面につけず垂直に、軽くホイップする。
2. 作りたい大きさになったらしぼりをとめて※、スッと口金を引き上げる。

3. 波

横にしずく形のクリームが連なるようにホイップするか、バースデーレイのようにホイップします。

1. スタートは口金をデコレーション面につけて、進行方向に少し傾け、斜め上に持ち上げながらホイップする。そのまましぼりをとめず※口金を下ろす。
2. 1と同様に作りたい長さまでホイップする。
3. 作りたい長さになったらしぼりをとめる※。口金をデコレーション面につけたままスッと横に口金を引く。

1. スタートは口金をデコレーション面につけて、進行方向に少し傾け、下側に半円を描く感じで口金を浮かせながらホイップする。そのまましぼりをとめず※に進む。
2. 1と同様に作りたい長さまでホイップする。
3. 作りたい長さになったらしぼりをとめる※。口金をデコレーション面から浮かせたままスッと斜め上に引く。

※しぼりをとめる：ホイップのチューブやしぼり袋をしぼる力を抜く。

コツ 7 ソース・トッピング

・スイーツはソース・トッピングのバリエーションでアレンジの幅を広げる

パンよりもさらに、デコレーションにソースが欠かせないミニチュアスイーツ。カラフルなソースは、見た目にもかわいさをプラスしてくれます。どこにどうかけるかも考えながら作ってみてください。また、トッピングで変化をつけるのもバリエーションを増やすコツ。本書の巻末レシピ（p.147〜175）にたくさん紹介しているので、必要なパーツを作ってアレンジしましょう。

ミニチュアスイーツ人気ソース早見表

【アップルパイのりんごソース】(p.65)
【パンケーキのはちみつ】(p.66)
スーパーX＋宝石の雫（イエロー）

【バニラアイスのキャラメルソース】(p.85)
【団子（みたらし）のたれ】(p.93)
トッピングの達人（キャラメルソース）

【パンケーキのキャラメルソース】(p.66)
スーパーX＋宝石の雫（イエロー、オレンジ、ブラウン）を1:1:1で混色する。

【シブーストのキャラメルソース】(p.81)
つや出しニス＋宝石の雫（ブラウン、イエロー）を1:1で混色する。

【パンケーキのブルーベリーソース】(p.66)
【ブルーベリームースケーキのブルーベリーソース】(p.84)
スーパーX＋宝石の雫（レッド、パープル）を1:2で混色する。

【ドーナツのいちごミルクソース】(p.64)
トッピングの達人（つぶつぶいちごミルクソース）

【パフェのいちごソース1】(p.76)
【クッキー（しぼり出し）のいちごソース】(p.96)
スーパーX＋宝石の雫（レッド）

【パフェのいちごソース2】(p.76)
【ラズベリームースケーキのラズベリーソース】(p.82)
【いちごミルクアイスのストロベリーソース】(p.85)
【クレープのいちごソース】(p.95)
トッピングの達人（つぶつぶいちごソース）

【パフェの黄桃ソース】(p.76)
スーパーX＋宝石の雫（イエロー）
※はちみつ、りんごソースよりも宝石の雫の量を多くする。

【ドーナツのチョコレートソース】(p.64)
【チョコレートケーキのチョコレートソース】(p.82)
【パフェのチョコレートソース1】(p.76)
トッピングの達人（チョコレートソース）

【パフェのチョコレートソース2】(p.76)
【クレープのチョコレートソース】(p.95)
デコソースR（チョコ）

【フルーツタルトのオレンジソース】(p.70)
【オレンジムースケーキのオレンジソース】(p.82)
トッピングの達人（オレンジソース）

【キウイムースケーキのキウイソース】(p.84)
【かき氷のメロンシロップ】(p.89)
スーパーX＋宝石の雫（イエローグリーン）
UVレジン＋宝石の雫（イエローグリーン）

左【かき氷のいちごシロップ】(p.89)
UVレジン＋宝石の雫（レッド）
右【かき氷のレモンシロップ】(p.89)
UVレジン＋宝石の雫（イエロー）

ミニチュアスイーツに使えるパーツ集

いちご (p.148)	スライスいちご (p.148)	半分いちご (p.149)	バナナ (p.149)	キウイ (p.150)	オレンジ (p.150)
りんご (p.151)	黄桃 (p.152)	チェリー (p.152)	アメリカンチェリー (p.152)	缶詰チェリー (p.152)	ラズベリー (p.153)
ブルーベリー (p.153)	チョコスティック (p.154)	ウエハース (p.155)	のり (p.169)	ナッツ (p.174)	ココナッツ (p.174)

Drink
01
作り方 p.58

アイスコーヒー＆オレンジジュース

UVレジンで作るコールドドリンクは、いかに本物らしい色に仕上げるかがポイント。氷、グラスもUVレジンで作れます。

原寸大

※作り方ページではストローなしのタイプを紹介しています。

Drink / 02

作り方 p.58

クリームソーダ

炭酸飲料はUVレジンをグラスに流し込む前に、かき混ぜて泡を作るのがポイント。アイスとチェリーをトッピングしてレトロな雰囲気に。

Drink / 03

作り方 p.59

カフェラテ

カップのぎりぎりまでカフェラテ色のUVレジンを流し込んで固めたら、白く着色したUVレジンで表面に模様を描いて。グッとおしゃれになります。

原寸大

01 アイスコーヒー ★★☆☆

材料（1個分・上部の直径1.3×高さ2cm）

UVレジン…星の雫
着色料…宝石の雫（ブラウン、オレンジ、ブラック）

トッピング…氷 (p.23)

道具
・シリコーンモールド (p.29)
（カフェグラス トール 立体型）
・調色パレット
・調色スティック
・UVライト

作り方

グラスと氷を作る

❶ グラス (p.29) を作り、氷 (p.23) を入れる。
\POINT/ 市販のミニチュア食器を使ってもよい。

コーヒーを作る

❷ UVレジンに宝石の雫（ブラウン、オレンジ、ブラック）を加えて着色する。
\POINT/ 着色料は2:2:1で混色する。

グラスに入れる

❸ 調色スティックで、❷を❶のグラスに流し込む。

❹ 気泡があれば、調色スティックで上にかき出すようにしてつぶす。
\POINT/ ストローをさす場合はここでさす。

❺ UVライトを照射する（2〜3分）。硬化したら完成。

Arrange アレンジ

オレンジジュース

グラス: シリコーンモールド (p.32)（テイクアウトカップ フタ＆ストロー 立体型）
オレンジジュース: UVレジンに宝石の雫（オレンジ、ホワイト、イエロー）を1:3:3で混色し、加える

作り方は基本的にアイスコーヒーと同じ。❷でUVレジンに加える着色料をかえて作ります。ストローは市販の透明のスティックをカットしたり、シリコーンモールドを使って手作りしたものを、❺で硬化させる前に着色したレジンにさし込みます。

02 クリームソーダ ★★★☆☆

材料（1個分・上部の直径1×高さ2.8cm）

UVレジン…星の雫
着色料…宝石の雫（イエローグリーン）
プロスアクリックス（イエロー）

トッピング…氷 (p.23)
アイスクリーム (p.85)
缶詰チェリー (p.152)

道具
・シリコーンモールド (p.32)
（ソーダグラス＆氷 立体型）
・調色パレット
・調色スティック
・UVライト
・接着剤

作り方

グラスと氷を作る

❶ グラス (p.29) を作り、氷 (p.23) を入れる。
\POINT/ 市販のミニチュア食器を使ってもよい。

ソーダを作る

❷ UVレジンに宝石の雫（イエローグリーン）を加えて着色する。

❸ 調色スティックで空気を入れるようにしてかき混ぜ、気泡を作る。
\POINT/ 炭酸飲料は気泡を作る。

グラスに入れる

❹ 調色スティックで、❸を❶のグラスに流し込む。

❺ UVライトを照射する（2〜3分）。

トッピングする

❻ ❺のソーダの表面に接着剤をつけ、アイスクリーム (p.85) をのせる。
\POINT/ アイスクリームの大きさはグラスの直径に合わせて調整する。ここでは0.6cm玉で成形。

❼ アイスクリームの横に缶詰チェリー（p.152）をのせ、接着剤で貼りつけて完成。

Arrange アレンジ

[グラス] シリコーンモールド（p.29）（カフェグラス トール 立体型）で型取りして作ったもの

[コーラ] UVレジンに宝石の雫（ブラウン、ブラック、レッド、オレンジ）を2:1:1:3で混色し、加える

コーラ 作り方は基本的にクリームソーダと同じ。❶でグラスをかえ❷でUVレジンに加える着色料をかえて作ります。

---

03 カフェラテ ★★★☆☆

カップを用意する ▶ カフェラテを入れる ▶ ラテアートを描く

材料（1個分・上部の直径1.3×高さ1cm）
- UVレジン…星の雫
- 着色料…プロスアクリックス（イエローオーカー、ホワイト、バーントアンバー）
- その他…市販のミニチュアのカップ（上部の直径1.3×高さ1cm）

道具
- 調色パレット
- 調色スティック
- UVライト

PICK UP 使用する器について

本書ではいろんなミニチュア食器を使って作品を作っています。これらのミニチュア食器はミニチュア作りの材料、道具を扱うクラフトメーカーをはじめ、ミニチュア＆ドールハウス雑貨を扱うショップなどで購入可能です。サイズはバラバラなので、ドリンク類など、食器ありきで作る作品は、食器のサイズに応じて分量を調整してください。

作り方

カフェラテを作る

❶ UVレジンにプロスアクリックス（イエローオーカー、ホワイト、バーントアンバー）を加えて着色する。
\POINT/ 着色料は1:1:1の割合で混色する。

ミルクを作る

❹ UVレジンをプロスアクリックス（ホワイト、イエローオーカー）で着色する。
\POINT/ 着色料は1:1の割合で混色する。

カップに入れる

❷ ❶の着色レジンを、用意したカップの3分目くらいまで調色スティックで流し、UVライトを照射する（4〜5分）。

❸ ❷を2〜3回くり返し、そのつど硬化する。カップにすりきりまで入った状態まで行う。

ラテアートを描く

❺ ❶の着色レジンを表面に薄く流す。

❻ ❹の着色レジンを調色スティック（先が細い側）にとり、カフェラテの表面に2つの点を描く。
\POINT/ 調色スティックはつまようじでも可。

❼ 2つの点からそれぞれ線を引き出して、模様を描く。

❽ UVライトを照射する（3〜4分）。硬化したら完成。

Arrange アレンジ

ホットコーヒー ❶のときにUVレジンに加える着色料をかえます。❻、❼でうず巻きを描いて、硬化させて作ります。

[ホットコーヒー] UVレジンに宝石の雫（ブラウン、オレンジ、ブラック）を2:2:1で混色し、加える

[ミルク] ❹の着色レジンで中心からうず巻きを描く

Drink /04 作り方 p.61

紅茶

オレンジにちょっとブラウンを混ぜた色味が紅茶色。色さえ再現できれば、カップにUVレジンを流し込むだけで簡単に作れます。

原寸大

Drink /05 作り方 p.61

生ビール

生ビールの泡は極小のビーズをUVレジンに混ぜて表現。ジョッキからあふれるくらいに流し込んだら、側面に少したらすと◎。

原寸大

04 紅茶 ★☆☆☆☆

材料（1個分・上部の直径1.3×高さ1.3cm）
- UVレジン…星の雫
- 着色料…宝石の雫
  （オレンジ、ブラウン）
- その他…市販のミニチュアのカップ
  （上部の直径1.3×高さ1.3cm）

道具
- 調色パレット
- 調色スティック
- UVライト

作り方

紅茶を作る

❶ UVレジンに宝石の雫（オレンジ、ブラウン）を加えて着色する。
\POINT/
着色料は2：1の割合で混色する。

カップに入れる

❷ 調色スティックで、❶をカップの半分くらいまで流す。気泡があればスティックの先でつぶす。UVライトを照射する（2〜3分）。

❸ ❶をカップの8分目くらいまでさらに流し込み、UVライトを照射する（2〜3分）。硬化したら完成。

---

05 生ビール ★★★★☆

材料（1個分・上部の直径1×高さ2.3cm）
- UVレジン…星の雫
- 着色料…宝石の雫
  （イエロー、ホワイト）
- その他…市販のミニチュアの
  ジョッキグラス
  （上部の直径1×高さ2.3cm）
  ダイアビーズSS

道具
- 調色パレット
- 調色スティック
- UVライト

作り方

ビールを作る

❶ UVレジンに宝石の雫（イエロー）を加えて着色する。

❷ ❶にダイアビーズSSを加えて混ぜる。

グラスに入れる

❸ 調色スティックで、❷をグラスの8分目くらいまで流し込む。UVライトを照射する（2〜3分）。

泡を作る

❹ UVレジンに宝石の雫（ホワイト）を加えて着色する。

❺ ❹にダイアビーズSSを加えて混ぜる。
\POINT/
ビールの泡を表現するために加える。

グラスに入れる

❻ 調色スティックで、❺を❸のグラスのすりきりまで流し込む。UVライトを照射する（3〜4分）。

❼ ❻のグラスにさらに❺を薄く流し、表面をぷっくりとさせる。

❽ ダイアビーズSSをふりかけて泡の感じを強調する。
\POINT/
ビールの泡の表面のつぶつぶ感を表現するのにさらに加える。

❾ ❺を❽のグラスの側面に少し流す。UVライトを照射する（3〜4分）。硬化したら完成。

Sweets /06

作り方 p.64

ドーナツ

同じ筒状でもベーグル（p.43）よりも表面を平らにします。ソースやトッピングをかえれば、いろんな種類が作れます。

原寸大

Sweets /07

作り方 p.65

アップルパイ

編み目のパイ生地は、本当に粘土を格子状に編んで再現。サクサクのパイ生地は、こんがりと焼き色をつけてニスを塗り、光沢感を出すのがポイントです。

原寸大

3 ｜ スイーツ&ドリンク　Sweets & Drink

Sweets / 08

作り方 p.66

パンケーキ

フライパンで焼くとプスプスと気泡が出てくる生地の雰囲気を、つまようじでつついて忠実に再現。高く積み上げ、バターやハチミツをかけて仕上げましょう。

原寸大

Sweets / 09

作り方 p.67

ミルフィーユ

最大の特徴である薄くパリッとしたミルフィーユ生地は、薄く伸ばした粘土を小さくちぎって貼りつけています。ホイップで変化をつけて。

原寸大

63

06 ドーナツ ★★☆☆

成形し、質感をつける → 焼き色をつける

材料（1個分・直径1.3×厚さ0.5cm）
- 粘　土…樹脂粘土（モデナソフト）1cm玉
- 着色料…プロスアクリックス（イエローオーカー）焼き色の達人（茶、こげ茶）

道具
- ストロー（穴の直径0.4cmのもの）
- 筆
- 7本針または歯ブラシ
- クリアファイルを小さく切ったもの

作り方

生地を成形する

❶ 粘土をプロスアクリックス（イエローオーカー）で着色する。

❷ ❶の粘土を丸めたら、軽くつぶして厚さ0.5cmほどにする。中央をストローでくり抜く。

❸ くり抜いた部分に筆の背を押しあて、自然な丸みに整える。

質感をつける

❹ 歯ブラシや7本針で表面をトントンとたたき、質感をつける。

❺ クリアファイルを小さく切ったもので側面中央に1周筋をつける。

焼き色をつける

❻ 焼き色の達人（茶）、（こげ茶）の順に焼き色をつけて、完成。

\POINT/
❺で筋をつけた部分にはつけない。

Arrange アレンジ

ドーナツ5種

作り方は基本的に上のドーナツと同じ。❶で生地の色をかえたり、❹や❺のあと、質感をさらに加えたり、❻のあと、ソースをかけたりトッピングをしてアレンジします。

シュガーレイズド
- ❺のあと格子柄の筋をつける
- トッピングの達人（粉砂糖）をつける

チョコナッツ
- ナッツ（p.174）をつける
- チョコレートソース（p.55）

オールドファッション
- ❹のあと質感を加える
- つや消しニスを塗る

ストロベリーリング
- いちごミルクソース（p.55）

ココナッツチョコ
- ❶のときに粘土をカラー粘土の達人（チョコレート）（p.34）で着色
- ココナッツ（p.174）をつける

シュガーレイズドの作り方

1 ❺のあと、クリファイルを小さく切ったもので表面に格子柄の筋をつける。

2 ❻と同様に焼き色をつけたら、トッピングの達人（粉砂糖）を表面につける。

チョコナッツの作り方

1 ❶〜❻と同じ要領でドーナツを作り、表面にチョコレートソース（p.55）をかける。

2 ナッツ（p.174）をつける。位置をピンセットで調整する。

オールドファッションの作り方

1 ❹のあと、ふちを残して表面をつまようじや安全ピンでつつき、溝を作る。

2 溝を作り終えたところ。

3 焼き色の達人（茶）、（こげ茶）の順に焼き色をつける。

4 つや消しニスを塗る。

07 アップルパイ ★★★★★

材料（1個分・直径3×厚さ1cm）
- 粘　土…樹脂粘土（モデナ）1.5cm玉、1cm玉
- 着色料…プロスアクリックス（イエローオーカー、バーントアンバー、オレンジ）焼き色の達人（茶、こげ茶）
- その他…つや出しニス
- ソース…【りんごソース（p.55）】スーパーX＋宝石の雫（イエロー）
- トッピング…りんご（p.151）

道具
- 型（直径3cmくらいのアルミカップを高さ0.6cmに切ったもの）
- つまようじ
- マヨカップ
- PPシート
- 歯ブラシ
- カッターマット
- カッター
- はさみ
- クリアファイルを小さく切ったもの
- 面相筆

成形し、焼き色をつける  → トッピングする  → パイ生地をかぶせる

作り方

タルト生地を作る

❶ 粘土（1.5cm玉）をプロスアクリックス（イエローオーカー）で着色する。

❷ ❶の粘土を型の内側にぴったりと貼りつける。

❸ 粘土を型からはずす。

焼き色をつける

❹ 焼き色の達人（茶）、（こげ茶）の順に、裏側と表面のふちに焼き色をつける。

トッピングする

❺ りんご（p.151）を❹のタルト生地の中に入れる。
\POINT/ りんごの大きさはタルト生地の大きさに合わせ、薄く切って使う。

❻ りんごソース（p.55）をつまようじにとり、タルト生地に流し込む。

パイ生地を作る

❼ 粘土（1cm玉）をプロスアクリックス（イエローオーカー）で着色する。PPシートでつぶして薄くのばす。

❽ 歯ブラシで表面をトントンとたたいて質感をつける。
\POINT/ 粗めの質感でよい。

❾ カッターで幅0.2〜0.3cmほどに切る。

パイ生地を編む

❿ パイを作る要領で❾を格子状に編む。

パイ生地をかぶせる

⓫ ❿を❻の上にかぶせ、はみ出た部分をはさみで切る。

⓬ ❾を2本ほど、⓫のふちに巻く。

⓭ クリアファイルを小さく切ったものでふちに細かく筋をつける。

焼き色をつける

⓮ プロスアクリックス（バーントアンバー、イエローオーカー、オレンジ）を混ぜ、筆で表面に塗る。
\POINT/ 着色料は1：1：1で混色する。

つやをつける

⓯ つや出しニスを塗って完成。

08 パンケーキ ★★★★☆

成形し、質感をつける → 焼き色をつける → トッピングする

材料（3切れ1個分・直径2×高さ1.7cm）

粘　土…樹脂粘土（モデナソフト）
　　　　2.2cm玉
　　　　樹脂粘土（モデナ）1cm玉※
※バターに使用。着色しやすいように少し多めに用意する。

着色料…プロスアクリックス
　　　　（イエローオーカー、イエロー）
　　　　焼き色の達人（茶、こげ茶）

ソース…【はちみつ（p.55）】
　　　　スーパーX
　　　　＋宝石の雫（イエロー）

その他…つや出しニス
　　　　皿（直径4cmくらいのもの）

道具
- PPシート
- つまようじ
- マヨカップ
- 木工用ボンド
- カッターマット
- カッター

作り方

生地を成形する

❶ 粘土（モデナソフト）をプロスアクリックス（イエローオーカー）で着色し、3等分して丸める。

❷ ❶で3等分した粘土の1つをPPシートでつぶし、厚さ0.5cmほどにのばす。

質感をつける

❸ 側面にPPシートで1周筋をつける。

❹ 側面をつまようじでつつく。

❺ 裏側から指を押しあて、表面をふくらませる。

焼き色をつける

❻ 焼き色の達人（茶）、（こげ茶）の順に表面に焼き色をつける。❷～❻をくり返し、パンケーキ生地を計3枚作る。

生地を重ねる

❼ 木工用ボンドで❻の3枚を貼り合わせる。

\POINT/
少しずつずらして重ねると、はちみつをかけたときの見ばえが華やかに。

バターを作る

❽ 粘土（モデナ）をプロスアクリックス（イエロー）で着色する。PPシートでつぶして厚さ0.3cmくらいにのばす。

❾ カッターで0.5cm四方に切る。

トッピングする

❿ ❼の生地の表面につや出しニスを薄く塗る。

\POINT/
3枚とも、表面の見えている部分に塗る。

⓫ ❾を木工用ボンドで❿の一番上の生地の中央に貼る。

ハチミツをかける

⓬ はちみつ（p.55）を作る。

⓭ ⓬をつまようじにとり、下から上に向かって⓫の生地にかける（p.27）。ソースが乾くまで置いておく。

⓮ 皿にのせて完成。

Arrange アレンジ

スイーツ系パンケーキ2種
作り方は上のパンケーキと基本的に同じ。❼のあと、右の①～④の順にソースやトッピングをして作ります。

バニラキャラメルパンケーキ
① アイスクリーム（p.85）をのせる
② スーパーX＋プロスアクリックス（ホワイト、イエロー）をかけてアイスの溶けた感じを出す
　※着色料は2:1で混色する
③ キャラメルソース（p.55）
④ ナッツ（p.174）をまぶす

ブルーベリーパンケーキ
① トッピングの達人（粉砂糖）をまぶす
② ホイップ（ツノ）（p.54）をしぼる
③ ブルーベリーソース（p.55）
④ ブルーベリー（p.153）をのせる

09 ミルフィーユ ★★★★★

成形し、質感をつける → クリームをはさむ → ホイップ・トッピングする

材料（1個分・縦0.6×横1.8×高さ1.5cm）

- 粘　土…樹脂粘土（モデナ）1.4cm玉、1cm玉
- 着色料…プロスアクリックス（イエローオーカー、バーントアンバー、イエロー、ホワイト）
- ホイップ…水溶性アクリルシーラント
- その他…トッピングの達人（粉砂糖）
- トッピング…いちご（p.148）

道具

- 型紙（厚紙を縦0.8×横2cmに切ったもの）
- カッターマット
- カッター
- 木工用ボンド
- 面相筆
- コーキングガン
- しぼり袋
- 口金（8切）

作り方

ミルフィーユ生地を成形する

❶

粘土（1.4cm玉）をプロスアクリックス（イエローオーカー、バーントアンバー）で着色する。
\POINT/
着色料は1：1の割合で混ぜる。

❷

❶の粘土を3等分して丸める。1つを指でつぶして薄くのばし、型紙に合わせてカッターで切る。
\POINT/
型紙は厚紙を作りたいミルフィーユ生地の寸法に合わせてはさみで切ったもの。やや厚みがあれば素材はなんでもOK。

質感をつける

❸

❷で型からはみ出た粘土をまとめ、薄くのばして小さくちぎる。

❹

❷の表面に木工用ボンドを塗り、❸の粘土を貼りつける。

❺

裏面も❸、❹と同様にする。❷〜❺をくり返し、ミルフィーユ生地を計3枚作る。

クリームを作る

❻

粘土（1cm玉）をプロスアクリックス（イエロー、ホワイト）で着色する。
\POINT/
着色料は1：1の割合で混色する。

❼

❻を2等分して丸める。

クリームをはさむ

❽

❼の1つを指で軽くつぶす。❺の生地と同じくらいのサイズにのばしてのせる。

❾

❺のもう1枚の生地を❽の上に重ねる。

❿

❽、❾をくり返し、❼のクリーム2つとミルフィーユ生地3枚を交互に重ねる。

⓫

クリームの側面に筆の柄を押しつけて、生地となじませる。

ホイップする

⓬

トッピングの達人（粉砂糖）を指にとり、ミルフィーユ生地の表面につける。少し乾かす。

⓭

ホイップを両端に波形にしぼる（p.54）。さらに中央にツノ形にしぼる（p.54）。

トッピングする

⓮

ホイップ（ツノ）の上にいちご（p.148）をのせる。ホイップが乾いたら完成。

Sweets / 10

作り方 p.70

フルーツタルト

タルト土台はペットボトルのキャップで型取りして成形しました。たくさんのフルーツをトッピングしたフルーツタルトは見た目もゴージャス。

原寸大

Sweets / 11

作り方 p.71

マカロン

生地の側面に「ピエ」と呼ばれるレース状のふくらみがあるのがポイント。ピンクやイエロー、グリーンなどカラフルな色味で見た目も楽しく。

原寸大

3 ｜ スイーツ&ドリンク Sweets & Drink

Sweets / **12** 作り方 p.71

シュークリーム

でこぼこと膨らんだシュー生地はランダムにわけた粘土をくっつけて成形することで再現しています。焼き色&粉砂糖で本物らしく。

原寸大

Sweets / **13** コーヒーゼリー 作り方 p.72

UVレジンで作るコーヒーゼリー。色はアイスコーヒー（p.58）と同じです。仕上げにツノ（p.54）のホイップをしぼってデコレーションします。

原寸大

Sweets / **14** カップケーキ 作り方 p.73

表面は7本針でトントンとたたいて素朴な焼き菓子の質感を出します。上部にはホイップとフルーツ、スイーツパーツをトッピングしておめかしを。

原寸大

10 フルーツタルト

成形する  焼き色をつける トッピングする

材料（1個分・直径3×高さ1cm）
- 粘　土…樹脂粘土（モデナ）1.5cm玉、1.2cm玉
- 着色料…プロスアクリックス（イエローオーカー、イエロー）焼き色の達人（茶、こげ茶）
- ソース…【オレンジソース（p.55）】トッピングの達人（オレンジソース）
- その他…つや出しニス
- トッピング…半分いちご（p.149）オレンジ（p.150）バナナ（p.149）黄桃（p.152）キウイ（p.150）ブルーベリー（p.153）

道具
- 型（直径3cmくらいのマヨカップを高さ0.6cmに切ったもの）
- ペットボトルのふた（直径3cmのもの）
- 離型剤
- カッター
- ピンセット

作り方

生地を成形する

❶ 粘土（1.5cm玉）をプロスアクリックス（イエローオーカー）で着色する。

❷ 型の内側に離型剤を塗る。❶の粘土を型の内側にぴったりと貼りつける。

❸ ペットボトルのふたの外側に離型剤を塗り、❷の内側に入れて軽く押しつける。

❹ ペットボトルのふたからはみ出た粘土をカッターで切り落とす。

❺ ペットボトルのふたを外し、30分ほど乾かす。乾いたら粘土を型からはずす。

焼き色をつける

❻ 焼き色の達人（茶）、（こげ茶）の順に、側面とふちに焼き色をつける。

つやをつける

❼ 側面とふちにつや出しニスを塗る。

クリームを入れる

❽ 粘土（1.2cm玉）をプロスアクリックス（イエロー）で着色する。

❾ ❽の粘土を❼にすりきりまで詰める。

ソースを塗る

❿ オレンジソース（p.55）を表面に出し、指でのばす。
\POINT/ 粘土がやわらかいうちに行う。

トッピングする

⓫ 半分いちご（p.149）、オレンジ（p.150）、バナナ（p.149）、黄桃（p.152）を中央にのせる。
\POINT/ 黄桃は細かく切って使う。中央から放射状にのせていくとバランスがとりやすい。

⓬ キウイ（p.150）、ブルーベリー（p.153）をすきまにのせる。
\POINT/ キウイは1/2、1/4に切って使う。大きいパーツを先に配置し、小さいパーツですきまを埋める。

⓭ ⓬と同様にフルーツを表面全体にのせる。
\POINT/ 途中で表面が乾いてきたら、オレンジソース（p.55）をさらに塗る。

つやをつける

⓮ つや出しニスを塗って完成。

Arrange アレンジ

オレンジのタルトとミックスベリーのタルト

オレンジのタルトは❶で生地の色をかえ、⓫でトッピングするフルーツをかえて作ります。ミックスベリーのタルトは❿でソースを塗らず、木工用ボンドでフルーツを貼って作ります。

オレンジのタルト

- 生地: ❶のときに粘土をプロスアクリックス（イエローオーカー、バーントアンバー）を1:1の割合で混色して着色
- ブルーベリー（p.153）をのせる
- オレンジ（p.150）をのせる

ミックスベリーのタルト

- 半分いちご（p.149）をのせる
- ラズベリー（p.153）をのせる
- ブルーベリー（p.153）をのせる

11 マカロン ★★☆☆

材料（1個分・直径 0.7 × 高さ 0.5cm）
- 粘　土…樹脂粘土（モデナソフト）0.7cm玉、0.4cm玉
- 着色料…プロスアクリックス（レッド）

道具
- PPシート
- 安全ピン

 成形し、質感をつける
 クリームをはさむ

作り方

生地を成形する

❶ 粘土（0.7cm玉）をプロスアクリックス（レッド）で着色する。

❷ ❶の粘土を2等分して丸める。PPシートで軽くつぶし、直径0.7cmほどにする。

質感をつける

❸ ふちを指で軽く押さえて丸みのある形に整える。側面の下のほうを安全ピンでつつき、質感を出す。これを2個作る。

クリームを作る

❹ 粘土（0.4cm玉）をPPシートでつぶし、直径0.7cmほどにする。

クリームをはさむ

❺ ❹を❸のマカロン生地ではさんで、完成。

Arrange アレンジ

バニラ／チョコ／ピスタチオ／レモン

❶や❹で粘土に混ぜる着色料をかえて作ります。

- バニラ：無着色
- チョコ：❶でカラー粘土の達人（チョコレート）(p.34)で着色／❹でプロスアクリックス（イエローオーカー）を多めに混ぜて着色
- ピスタチオ：❶でプロスアクリックス（イエローグリーン）で着色／❹でプロスアクリックス（イエローオーカー）を多めに混ぜて着色
- レモン：❶でプロスアクリックス（イエロー）で着色／無着色

---

12 シュークリーム ★★★☆

材料（1個分・直径 1 × 高さ 1.3cm）
- 粘　土…樹脂粘土（モデナ）1.2cm玉
- 着色料…プロスアクリックス（イエローオーカー）、焼き色の達人（茶、こげ茶）
- ホイップ…水溶性アクリルシーラント
- その他…トッピングの達人（粉砂糖）

道具
- 7本針または歯ブラシ
- カッターマット
- デザインナイフまたはカッター
- コーキングガン
- しぼり袋
- 口金（8切）

 成形し、質感をつける
 焼き色をつける
 ホイップする

作り方

生地を成形する

❶ 粘土をプロスアクリックス（イエローオーカー）で着色する。

❷ ❶の粘土を5等分して丸める。
\POINT/ 大きさはランダムでOK。

❸ ❷で5等分した粘土を1つにまとめる。
\POINT/ くっつけた境界線は残るようにまとめる。

質感を出す

❹ 7本針や歯ブラシで表面をトントンとたたき、境目をなじませながらシュー生地の質感を出す。

❺ 質感を出したところ。

焼き色をつける

❻ 焼き色の達人（茶）、（こげ茶）の順に表面に焼き色をつける。

12 シュークリーム

生地を分ける

❼ かぶせる側　土台側
下から0.2cmほどのところをカッターで切る。
\POINT/ 外側が少し乾き、中央部分がまだやわらかい状態でカットするのがベスト。

❽ ❼の土台側の生地の内側を、デザインナイフやカッターでかき出すようにして丸くくり抜く。
\POINT/ 中央部分がやわらかいうちにくり抜く。

❾ ❼のかぶせる側の生地の表面に、トッピングの達人（粉砂糖）を指でつける。

ホイップする

❿ ホイップを❼の土台側の❽でくりぬいたところにソフトクリーム形にしぼる（P.54）。

⓫ ❾を❿にかぶせて完成。

Arrange アレンジ

カスタードシュークリーム
❿のホイップを、ホイップの達人（カスタード）にかえて作ります。

ホイップの達人（カスタード）をホイップする

---

13 ★★★☆☆ コーヒーゼリー

ゼリーを作る ▶ ホイップする

材料（1個分・上部の直径1.5×高さ2cm）
UVレジン…星の雫
着色料…宝石の雫（ブラウン、オレンジ、ブラック）
ホイップ…水溶性アクリルシーラント
その他…市販のミニチュアのパフェグラス
　　　　（上部の直径1.5×高さ1.5cm）

道具
・調色パレット
・調色スティック
・コーキングガン
・しぼり袋
・口金（8切）

作り方

ゼリーを作る

❶ UVレジンに宝石の雫（ブラウン、オレンジ、ブラック）を加えて着色する。
\POINT/ 着色料は2:2:1で混色する。

❷ 調色スティックで❶を器に流し込む。
\POINT/ 気泡があれば調色スティックで上にかき出すようにしてつぶす。

❸ UVライトを照射する（2～3分）。

ホイップする

❹ ホイップを❸のゼリーの中央にソフトクリーム形にしぼる（p.54）。

❺ ホイップが乾いたら完成。

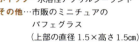

Arrange アレンジ

フルーツゼリー
❶でUVレジンは着色せず、フルーツを入れてから硬化させて作ります。

ゼリー
❶でUVレジンは着色しない
黄桃（p.152）を細かく切ったものを入れる
半分いちご（p.149）を入れる
ブルーベリー（p.153）を入れる

14 カップケーキ ★★★★☆

成形し、質感をつける	焼き色をつける	ホイップ・トッピングする

材料（1個分・直径1×高さ1.5cm）
- 粘　土…樹脂粘土（モデナソフト）1.2cm玉
- 着色料…プロスアクリックス（イエローオーカー）焼き色の達人（茶、こげ茶）
- ホイップ…水溶性アクリルシーラント（ホワイト）
- その他…つや消しニス　アルミカップの合紙
- トッピング…チョコスティック（p.154）　バナナ（p.149）

道具
- 軟膏のふた（直径1cmのもの）※
  ※くぼみに適当な粘土を詰めて使う。
- シリコーンモールドメーカー
- ビニール手袋
- 7本針
- カッターマット
- カッター
- はさみ　・コーキングガン
- 木工用ボンド　・しぼり袋
- つまようじ　・口金（8切）

作り方

型を作る

❶

軟膏のふたのくぼみを粘土（分量外）を詰めてふさぐ。

\POINT／ ふたのくぼみをふさぐためのものなので、粘土の種類はなんでもOK。

❷

ふたを裏返して型取り（p.29）する。

生地を成形する

❸

粘土をプロスアクリックス（イエローオーカー）で着色する。

❹

❸の粘土を❷の型に詰める。型からはみ出た部分を丸みのある形に整える。

質感をつける

❺

型からはみ出た部分を7本針でトントンとたたき、質感をつける。

❻

型からはずす。

形を整える

❼

カッターで底面を0.1〜0.2cmほど切る。

\POINT／ 高さをおさえたほうがバランスがよくなるので、好みで調整する。

焼き色をつける

❽

焼き色の達人（茶）で表面と側面に焼き色をつける。

❾

焼き色の達人（こげ茶）でさらに焼き色を重ねる。

❿

上のふくらみ部分（❹で型からはみ出ていた部分）につや消しニスを塗る。

紙を巻く

⓫

ここを使う

アルミカップの合紙を、ケーキの外周×高さより少し大きいサイズにはさみで切る。

⓬

❿の生地の側面に木工用ボンドを塗り、⓫を貼りつける。側面の溝につまようじを押しあててなじませる。

⓭

余った合紙を底面に折り込み、木工用ボンドで貼る。これで生地は完成。

ホイップする

⓮

ホイップを⓭の中央にソフトクリーム形にしぼる（p.54）。

トッピングする

⓯

ホイップのわきにバナナ（p.149）とチョコスティック（p.154）をさす。ホイップが乾いたら完成。

Arrange アレンジ

いちご＆ブルーベリー／チェリー

⓯のときにトッピングするフルーツをかえて作ります。

いちご＆ブルーベリー	チェリー

いちご（p.148）をのせる　ブルーベリー（p.153）をのせる	アメリカンチェリー（p.152）をのせる

Sweets 15 プリンアラモード

器の中央にプリン、その周りをフルーツでデコレーションしたデザート。その見た目の豪華さをフルーツパーツの盛りつけとホイップテクで再現して。

作り方 p.75

原寸大

Sweets 16 パフェ

グラスにソースとホイップを層にして流し込んだあと、アイス&フルーツをトッピング。いろんな角度から見てバランスよく盛りつけましょう。

作り方 p.76

原寸大

Sweets 17 ベイクドチーズケーキ

ふちの焼き色を濃くするのがポイント。上の面を少しへこませるとリアルに。

作り方 p.77

原寸大

15 プリンアラモード

プリンを作る → アイスクリームをのせる → 盛りつける

材料 (1個分・縦4cm×横1.3cm×高さ2cm)
UVレジン…星の雫
着色料…宝石の雫（オレンジ、イエロー、ブラウン、ホワイト） プロスアクリックス（イエロー）
ホイップ…水溶性アクリルシーラント
その他…市販のミニチュアのパフェグラス（縦4cm×横1.3cm×高さ1.4cm）

トッピング…アイスクリーム (p.85)
　　　　　　チェリー (p.152)
　　　　　　りんご (p.151)
　　　　　　いちご (p.148)
　　　　　　バナナ (p.149)
　　　　　　キウイ (p.150)

【道具】
・調色パレット
・調色スティック
・型（クレイジュエリー［カフェグラス広口 立体型］）※ (p.32)
・UVライト
・7本針
・木工用ボンド
・コーキングガン
・しぼり袋
・口金（8切）
※円錐台のシリコーンモールドでも可。

作り方
プリンを作る

❶
UVレジンに宝石の雫（オレンジ、イエロー、ブラウン）を加えて着色する。
\POINT/ 着色料は1：1：1で混色する。

❷
調色スティックで、❶を型の2分目くらいまで流し込む。UVライトを照射する（2〜3分）。

❸
UVレジンに宝石の雫（ホワイト、イエロー）を加えて着色する。
\POINT/ 着色料は1：2で混色する。

❹
調色スティックで、❸を❷の型に流し込む。UVライトを照射する（3〜4分）。

❺
硬化したら型からはずす。これでプリンは完成。

盛りつける

❻
器を用意する。器の底に粘土（分量外）を平らに詰め、その上に木工用ボンドでプリンを貼る。
\POINT/ 粘土はプリンを固定するため。

❼
木工用ボンドで、プリンの横にアイスクリーム (p.85)を貼る。
\POINT/ アイスクリームのサイズは器に合わせて調整する。

❽
木工用ボンドで、プリンの上にチェリー (p.152)を貼る。ホイップを2か所にツノ形にしぼる (p.54)。

❾
ホイップの上にりんご (p.151)、いちご (p.148)、バナナ (p.149)をのせる。

❿
アイスクリームをはさむようにホイップを2か所にツノ形にしぼる (p.54)。

⓫
木工用ボンドで、プリンの前にキウイ (p.150)を貼る。木工用ボンドが乾いたら完成。

16 パフェ ★★★★★

ソースとホイップを入れる
アイスクリームをのせる
トッピングする

材料（1個分・上部の直径1.5×高さ3.5cm）
- 着色料…プロスアクリックス（イエロー）
- ホイップ…水溶性アクリルシーラント
- ソース…【黄桃ソース（p.55）】
  - スーパーX＋宝石の雫（イエロー）
  - 【いちごソース1（p.55）】
  - スーパーX＋宝石の雫（レッド）
  - 【いちごソース2（p.55）】
  - トッピングの達人
  - （つぶつぶいちごソース）
- その他…市販のミニチュアのパフェグラス（上部の直径1.5×高さ2.5cm）

- トッピング…アイスクリーム（p.85）
  - 黄桃（p.152）
  - りんご（p.151）
  - ウエハース（p.155）
  - チョコスティック（p.154）
  - キウイ（p.150）
  - いちご（p.148）

道具
- つまようじ
- マヨカップ
- コーキングガン
- しぼり袋
- 口金（8切）
- 木工用ボンド

作り方

黄桃を入れる

❶
器に黄桃（p.152）を入れる。
\POINT/
黄桃は細かく切って使う。

ソースを入れる

❷
黄桃ソース（p.55）を作る。❶のグラスの3分目くらいまで入れる。

ホイップする

❸
ホイップを❷のグラスの6分目くらいまでしぼる。

❹
ソースとホイップの境目をつまようじでつついてなじませる。

ソースを入れる

❺
いちごソース1（p.55）を作る。❹のグラスの8分目くらいまで入れ、つまようじで境目をなじませる。

ホイップする

❻
ホイップをグラスのすりきりまで入れ、ソースとホイップの境目をつまようじでつついてなじませる。

トッピング・ホイップする

❼
アイスクリーム（p.85）を❻のグラスの中心にのせる。
\POINT/
アイスクリームのサイズは器に合わせて調整する。

❽
アイスクリームの奥にツノ形にホイップする（p.54）。

❾
りんご（p.151）、ウエハース（p.155）、チョコスティック（p.154）、キウイ（p.150）をのせる。

❿
ウエハースの手前に、ツノ形にホイップをしぼる（p.54）。

⓫
しぼったホイップの手前に黄桃（p.152）をのせる。
\POINT/
黄桃は細かく切って使う。ホイップが乾いてしまったら木工用ボンドで貼る。

⓬
いちごソース2（p.55）をアイスクリームの上にかける。

⓭
アイスクリームの上にホイップをツノ形にしぼる（p.54）。

⓮
しぼったホイップの上にいちご（p.148）をのせる。ホイップが乾いたら完成。

Arrange アレンジ
チョコバナナパフェ
作り方は基本的に同じ。
❺、⓬のソースをかえ、❾、⓮でトッピングをかえて作ります。

- チョコアイス：粘土（モデナソフト）をカラー粘土の達人（チョコレート）で着色
- チョコスティック（p.154）をのせる
- 缶詰チェリー（p.152）をのせる
- ウエハース（p.155）をのせる
- チョコレートソース1（p.55）
- バナナ（p.149）をのせる
- ナッツ（p.174）をのせる
- 黄桃（p.152）を細かく切ったものをのせる
- チョコレートソース2（p.55）
- ブルーベリー（p.153）をのせる

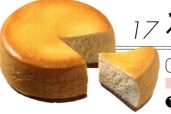

17 ベイクドチーズケーキ ★★★★☆

成形し、質感をつける → 焼き色をつける → ソースを塗る

材料（1個分・直径3×高さ1cm）

粘　土…樹脂粘土（モデナソフト）
　　　　　2.5cm玉
　　　　　樹脂粘土（モデナ）1.6cm玉
着色料…プロスアクリックス
　　　　　（イエローオーカー、
　　　　　バーントアンバー）
　　　　　焼き色の達人（茶、こげ茶）
ソース…トッピングの達人
　　　　　（オレンジソース）

道具

- PPシート
- クッキー型（直径3cm）
- 離型剤
- 木工用ボンド
- 7本針または歯ブラシ
- つまようじ
- カッターマット
- カッター

作り方

生地を成形する

❶ 粘土（モデナソフト）をプロスアクリックス（イエローオーカー）で、粘土（モデナ）を（バーントアンバー）で着色する。

❷ ❶の粘土（モデナソフト）をPPシートでつぶして厚さ0.8cmほどにする。

❸ 型に離型剤を塗り、❷を型で抜く。

❹ ❶の粘土（モデナ）も同様にPPシートでつぶして厚さ0.2cmほどにする。

❺ 型に離型剤を塗り、❹の粘土を型で抜く。

❻ ❸と❺の生地を重ねる。
\POINT/
粘土がくっつかない場合は木工用ボンドで貼り合わせる。

質感をつける

❼ 土台の側面を7本針でトントンとたたき、生地の質感をつける。

❽ 上の面の中央を指で軽く押してへこませる。

焼き色をつける

❾ 焼き色の達人（茶）で表面と側面に焼き色をつける。
\POINT/
側面とふちを濃く塗る。表面は中央をやや濃くし、あとはまだらに。

❿ 焼き色の達人（こげ茶）で色を重ねる。

カットする

⓫ つまようじを中心にさして印をつける。

⓬ カッターで1ピース分を切り取る。1/6ほどが目安。
\POINT/
⓫でつけた印を目安にして切るときれいに切れる。

断面に質感をつける

⓭ ピースの断面を7本針や歯ブラシでトントンとたたき、質感をつける。

⓮ ⓭と同様に、ホールの断面にも質感をつける。

ソースを塗る

⓯ トッピングの達人（オレンジソース）（p.26）を表面に出し、指で薄くのばして塗る。
\POINT/ ソースというよりは上の面に色を軽くつける感じ。焼き色が見える程度に薄く塗る。

⓰ ホールのほうも、上の面にトッピングの達人（オレンジソース）（p.26）を塗る。乾いたら完成。

PICK UP 型のサイズや選び方について

型は製菓用の型をはじめ、筒状で丸く型どりできるものであればなんでもOK。作りたいサイズをイメージして、型の直径は適宜調整してください。

ショートケーキ

作り方 P.80

見せ場はなんと言ってもホイップ。ケーキ土台の粘土がしっかり乾いてから、側面とふちにホイップしていきます。いちごは断面からものぞかせて。

原寸大

19-22 プチケーキ

作り方 P.81-84

直径0.7cm程度。断面にはスポンジ生地の質感をしっかりとつけています。生地の色とトッピングで変化をつけて、作り方ページでは4種のプチケーキとそれをアレンジして作れるケーキ3種を紹介しています。

原寸大

3 スイーツ&ドリンク Sweets & Drink

Sweets/23
作り方 P.84

ソフトクリーム

ワッフルコーンの編み目模様は網じゃくしを押しつけて表現。ソフトクリームはチョコとバニラの2色使いでバリエーションを出しました。

原寸大

Sweets/24
作り方 P.85

アイスクリーム

表面の質感と、ふちに帽子のつばのような部分を作るのがポイント。マーブル模様にしたり、ソースをかけたり、好きな味を表現してみましょう。

原寸大

18 ショートケーキ

成形する クリームで包む デコレーションする

材料（1個分・直径3×高さ2.3cm）
- 粘　土…樹脂粘土（モデナソフト）
  2.8cm玉、2.5cm玉、2cm玉
- 着色料…プロスアクリックス
  （イエローオーカー）
- ホイップ…水溶性アクリルシーラント
- トッピング…スライスいちご(p.148)
  いちご(p.148)

道具
- PPシート
- クッキー型（直径3cm）
- 離型剤
- 木工用ボンド
- はさみ
- つまようじ
- カッターマット
- カッター
- 7本針または歯ブラシ
- コーキングガン
- しぼり袋
- 口金（8切）

作り方

生地・クリームを成形する

❶ 粘土（2.8cm玉）をプロスアクリックス（イエローオーカー）で着色する。

❷ ❶の粘土をPPシートでつぶし、厚さ0.6cmほどにのばす。

❸ 型に離型剤を塗り、❷を型で抜く。

❹ ❸で残った粘土を丸めて❷〜❸を繰り返し、同じものを2個作る。

❺ 粘土玉（2cm）をPPシートでつぶして厚さ0.2cmほどにする。

❻ 型に離型剤を塗り、❺を型で抜く。

生地とクリームを重ねる

❼ ❻を❹ではさむ。
POINT 粘土がくっつかない場合は木工用ボンドで貼り合わせる。

❽ PPシートで側面をコロコロと転がしたり、表面を上から押さえたりして形を整える。

生地・クリームをクリームで包む

❾ 粘土（2.5cm玉）をPPシートでつぶして薄くのばす。

❿ ❾で❽を包む。

⓫ 生地からはみ出た部分をはさみで切る。

⓬ PPシートで側面をコロコロと転がしたり、表面を上から押さえたりして形を整える。

カットする

⓭ つまようじを中心にさして印をつける。

⓮ カッターで1ピース分を切り取る。1/6ほどが目安。
POINT ⓭でつけた印を目安にして切るときれいに切れる。

断面に質感をつける

❶5 ピースの断面を7本針や歯ブラシでトントンとたたき、質感をつける。

❶6 ⓯と同様に、ホールのほうにも質感をつける。

断面にいちごを貼る

❶7 断面のクリーム部分をつまようじでくぼませ、木工用ボンドでスライスいちご(p.148)を貼る。
POINT スライスいちごは半分に切って使う。

❶8 ホールのほうも同様に、断面のクリーム部分にスライスいちご(p.148)を貼る。

表面にホイップする

⑲ ホイップをカットケーキのふちに波形にしぼる (p.54)。

⑳ ホールのほうも同様に、ふちにホイップを波形にしぼる (p.54)。

㉑ カットケーキの表面にホイップをツノ形にしぼる (p.54)。

㉒ ホールのほうも同様に、表面に4〜5か所ほどホイップをツノ形にしぼる (p.54)。

いちごをのせる

㉓ ㉑〜㉒でしぼったホイップの上にいちご (p.148) をのせる。
\POINT/ ホイップが乾かないうちにいちごをのせる。

側面にホイップをしぼる

㉔ カットケーキの側面にホイップを波形にしぼる (p.54)。

㉕ ホールのほうも同様に、側面にホイップを波形にしぼる (p.54)。

㉖ ホイップが乾いたら完成。

---

19 プチケーキ (シブースト) ★★★☆☆

成形し、焼き色をつける ➡ ソースを塗る

材料（1個分・直径0.7×高さ0.5cm）
- 粘　土…樹脂粘土（モデナソフト）1.3cm玉、0.8cm玉
- 着色料…プロスアクリックス（イエローオーカー、バーントアンバー）
- ソース…【キャラメルソース (p.55)】つや出しニス＋宝石の雫（ブラウン、イエロー）

道具
- 型（穴の直径0.7cmのストローを短く切ったもの）
- 離型剤
- PPシート
- 面相筆
- アルミホイル（パレットに使用）
- つまようじ

作り方

生地を成形する

❶ 粘土（1.3cm玉）をプロスアクリックス（イエローオーカー）で、粘土（0.8cm玉）を（バーントアンバー）で着色する。

❷ ❶の粘土（1.3cm玉）をPPシートで軽くつぶして厚さ0.4cmほどにする。

❸ ❶の粘土（0.8cm玉）も同様に、PPシートでつぶして厚さ0.1cmほどにのばす。

❹ ❷と❸を重ねて、PPシートで軽く押さえる。

❺ 型に離型剤を塗り、❹を型で抜く。
\POINT/ 型からはずすときは、側面を軽く押して型と粘土の間に空気を通すとはずしやすくなる。

❻ PPシートで側面をコロコロと転がしたり、表面を押さえたりして形を整える。

焼き色をつける

❼ プロスアクリックス（バーントアンバー、イエローオーカー）を混ぜ、筆でトントンとたたくようにしてまだらに表面に塗る。
\POINT/ 着色料は1：1で混色する。

ソースを塗る

❽ キャラメルソース (p.55) を作る。つまようじにとり、表面に塗る。ソースが乾いたら完成。

20 プチケーキ（ラズベリームースケーキ）

成形し、質感をつける → トッピングする

材料（1個分・縦0.7×横0.7×高さ1cm）

- 粘 土…樹脂粘土（モデナソフト）
  1cm玉、0.5cm玉
- 着色料…プロスアクリックス
  （レッド）
- ソース…【ラズベリーソース (p.55)】
  トッピングの達人
  （つぶつぶいちごソース）
- その他…スーパーX

- トッピング…ラズベリー (p.153)

道具

- シリコーンモールド（一辺0.7cmのキューブ形）(p.28)
- 離型剤
- つまようじ
- 冷凍庫
- 7本針または歯ブラシ
- ピンセット
- 空容器（マヨカップなど）

作り方

生地を成形する

❶
粘土（1cm玉）をプロスアクリックス（レッド）で着色する。

❷
型に離型剤を塗り、❶を型の深さ3mmくらいまで詰める。粘土が角まで行き渡るよう、つまようじの背などでつつく。

❸
❷の上に重ね、粘土（0.5cm玉）を深さ4mmまで詰める。粘土が角まで行き渡るよう、つまようじの背などでつつく。

❹
❸の上に重ね、❶の粘土を型のすりきりまで詰める。冷凍庫に入れて固める。

\POINT/ 冷凍庫に入れることで早く固まる。

❺
固まったら型からはずす。

\POINT/ ❹のオモテ面を底にする。

質感をつける

❻
❺の側面を7本針や歯ブラシでたたき、ムース生地の質感をつける。

トッピングする

❼
❻の上部にラズベリーソース（p.55）をかける。

❽
ピンセットを使い、ラズベリー（p.153）を角にのせる。

❾
空容器にスーパーXを入れてつまようじでかき混ぜて粒状にする。

\POINT/ クラッシュゼリーを作る。

❿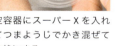
❾をつまようじにとり、❽の表面にのせる。

⓫
ソースが乾いたら完成。

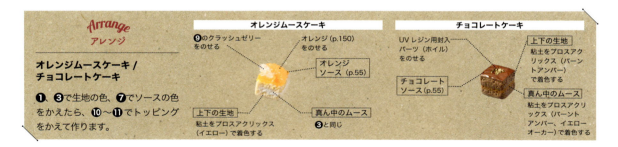

Arrange アレンジ

オレンジムースケーキ / チョコレートケーキ

❶、❸で生地の色、❼でソースの色をかえたら、❿〜⓫でトッピングをかえて作ります。

オレンジムースケーキ
- ❾のクラッシュゼリーをのせる
- オレンジ（p.150）をのせる
- オレンジソース（p.55）
- 上下の生地：粘土をプロスアクリックス（イエロー）で着色する
- 真ん中のムース：❸と同じ

チョコレートケーキ
- UVレジン用封入パーツ（ホイル）をのせる
- チョコレートソース（p.55）
- 上下の生地：粘土をプロスアクリックス（バーントアンバー）で着色する
- 真ん中のムース：粘土をプロスアクリックス（バーントアンバー、イエローオーカー）で着色する

21 プチケーキ（モンブラン） ★★★☆☆

成形し、質感をつける

クリームをのせる

トッピングする

材料（1個分・直径0.7×高さ1cm）
- 粘　土…樹脂粘土（モデナソフト）
  - 0.6cm玉
  - 樹脂粘土（モデナ）
  - 2.7cm玉※、0.4cm玉
- ※モンブランメーカーに詰めて出しやすい分量にする。
- 着色料…プロスアクリックス（イエローオーカー、バーントアンバー）
- ホイップ…水溶性アクリルシーラント
- その他…トッピングの達人（粉砂糖）

道具
- PPシート
- 7本針または歯ブラシ
- モンブランメーカー（p.103）
- はさみ
- つまようじ
- 木工用ボンド
- カッターマット
- カッター
- コーキングガン
- しぼり袋
- 口金（8切）

作り方

生地を成形する

❶ 粘土（モデナソフト）をプロスアクリックス（バーントアンバー）で着色する。

❷ ❶の粘土を丸めたら、PPシートでつぶして厚さ0.2cmほどにのばす。

質感をつける

❸ 7本針や歯ブラシで表面をトントンたたき、クッキー生地の質感をつける。

クリームを作る

❹ 粘土（モデナ・2.7cm玉）をプロスアクリックス（バーントアンバー、イエローオーカー）で着色する。

\POINT/
着色料は1：1で混色する。

❺ ❹を0.7cm玉ほどにとり、丸めてドーム型に形を整えたら、❸の生地の上にのせる。

❻ ❹の残りをモンブランメーカー（p.103）に詰めてしぼり出す。

\POINT/
しぼり口の穴の直径は1mm。

❼ ある程度出したらはさみで切って束にする。

\POINT/
束は❺の直径に合わせて、幅0.7cmほどにまとめる。

クリームで生地を包む

❽ ❺の表面全体につまようじで木工用ボンドを塗る。

❾ ❼を貼りつける。

❿ カッターで余分な部分をカットする。

栗を作る

⓫ ❼の残りを❿の上に重ねる。

\POINT/
束を重ねるときは、下にある束とクロスするように向きを調整する。

⓬ 粘土（モデナ・0.4cm玉）をプロスアクリックス（バーントアンバー、イエローオーカー）で着色する。

\POINT/
着色料はややバーントアンバーを多めに混色する。

⓭ ⓬の粘土を栗の形に整える。

⓮ カッターで、先端から放射状に筋を入れる。

ホイップ・トッピングする

⓯ トッピングの達人（粉砂糖）を指にとり、表面につける。

⓰ ホイップをケーキの上にツノ形にしぼる（p.54）。

⓱ ホイップが乾かないうちに上に和栗をのせる。ホイップが乾いたら完成。

22 プチケーキ（ブルーベリームースケーキ） ★★★☆☆

成形する → トッピングする

材料（1個分・直径0.7×高さ0.8cm）
- 粘　土…樹脂粘土（モデナソフト）1.3cm玉、0.8cm玉
- 着色料…宝石の雫（パープル）プロスアクリックス（バーントアンバー）
- ソース…【ブルーベリーソース（p.55）】スーパーX＋宝石の雫（レッド、パープル）
- トッピング…ブルーベリー（p.153）

道具
- PPシート
- 型（穴の直径1cmのストローを短く切ったもの）
- 離型剤
- つまようじ
- マヨカップ
- ピンセット

作り方

生地を成形する

❶
粘土（1.3cm玉）を宝石の雫（パープル）で、粘土（0.8cm玉）をプロスアクリックス（バーントアンバー）で着色する。

❷
❶の粘土（1.3cm玉）を均一な色になるまで混ぜたら、さらに宝石の雫（パープル）を加えて混ぜ、マーブル状する。

❸
❷をPPシートで軽くつぶして厚さ0.5cmほどにする。

❹
❶の粘土（0.8cm玉）も同様に、PPシートでつぶして厚さ0.1cmほどにのばす。

❺
❸と❹の生地を重ね、PPシートで軽く押さえる。

❻
型に離型剤を塗り、❺を型で抜く。
\POINT/ 型から外すときは、側面を軽く押して型と粘土の間に空気を通すとはずしやすくなる。

❼
PPシートで側面をコロコロと転がしたり、表面を押さえたりして形を整える。

❽
形を整えたところ。

トッピングする

❾
ブルーベリーソース（p.55）を作る。つまようじにとり、表面に塗る。

❿
ピンセットで、❾の中央にブルーベリー（p.153）をのせる。ソースが乾いたら完成。

Arrange アレンジ

キウイムースケーキ
❶で粘土の着色料をかえ、❾でソース、❿でトッピングをかえて作ります。

キウイソース（p.55）

キウイ（p.150）を1/4にカットしたもの
❶のときに粘土を宝石の雫（イエローグリーン）で着色

---

23 ソフトクリーム ★★★☆☆

ホイップする

材料（1個分・直径1×高さ3.5cm）
- ホイップ…水溶性アクリルシーラント
- トッピング…コーン（p.154）

道具
- コーキングガン
- しぼり袋
- 口金（6切）

作り方

ホイップをしぼる

❶
ホイップをコーン（p.154）にソフトクリーム形にしぼる（p.54）。ホイップが乾いたら完成。

Arrange アレンジ

ミックスソフト
ホイップを着色し、2色ホイップを作ってしぼれば、ミックスソフトに（2色ホイップの作り方はp.25参照）。

チョコソフト
水溶性アクリルシーラントをカラー粘土の達人（チョコレート）（p.34）で着色する

84

24 アイスクリーム

材料（1個分・直径1.5×高さ2.5cm）
- 粘　土…樹脂粘土（モデナソフト）1cm玉
- 着色料…プロスアクリックス（イエロー）
- トッピング…コーン（p.154）

道具
- 7本針
- カッター
- 木工用ボンド

作り方

生地を成形する

❶ 粘土をプロスアクリックス（イエロー）で着色する。

❷ 粘土をドーム型に整え、表面を7本針でトントンとたたく。

ふちをかき出す

❸ ふちを7本針で外側にかき出して、帽子のつばのような部分を作る。

質感をつける

❹ ❸でかき出したふちを7本針でトントンとたたき、質感を加える。

コーンにのせる

❺ コーン（p.154）の先をカッターで切って平らにし、コーンのすりきりまで粘土（モデナソフト・分量外）を詰める。

❻ ❺の表面に木工用ボンドをつけ、❹をのせる。

\POINT/
アイスの粘土が乾く前にのせると、あとで形を整えやすい。

❼ コーンとアイスの境目付近を中心にアイスを7本針でたたき、コーンとアイスをなじませ、形を整える。

Arrange アレンジ

アイスのソースがけ / マーブルアイス

❶で粘土の着色料をかえたり、❼のあとソースをかけたりすれば、いろいろなフレーバーのアイスクリームが作れます。マーブル模様のアイスクリームは2色の粘土を混ぜて作りましょう（ソースのかけ方、マーブルアイスの作り方は下の写真を参照）。

チョコミント
- ミントアイス…粘土をプロスアクリックス（ミドルグリーン、ロイヤルブルー）で着色
- チョコアイス…粘土をカラー粘土の達人（チョコレート）（p.34）で着色

チョコマーブル
- バニラアイス…上のアイスクリームと同じ
- チョコアイス…粘土をカラー粘土の達人（チョコレート）（p.34）で着色

いちごミルクのストロベリーソースがけ
- いちごアイス…粘土をプロスアクリックス（レッド）で着色
- ミルクアイス…着色なし
- ストロベリーソース（p.55）

バニラアイスのキャラメルソースがけ
- キャラメルソース（p.55）
- バニラアイス…上のアイスクリームと同じ

ソースのかけ方

1 ソースをかけるところにつまようじで筋を入れる。
\POINT/
アイスクリームに練りこまれているような感じにするため。

2 筋の部分にソースを流し込む。

マーブルアイスの作り方

1 2色の粘土玉を用意する。

2 2つの粘土玉をねじるようにして混ぜ、マーブル模様にする。

3 丸める。あとは基本の❷以降の作り方と同じ。

\POINT/
2色の粘土玉は同量にしても、多めに見せたいほうを少し多めに混ぜてもよい。

Sweets / 25

作り方 p.89

かき氷

氷の粒は極小サイズのビーズで表現。それをUVレジンでかためて高さを出していきます。シロップの色でいろいろなかき氷が作れます。

原寸大

Sweets / 26

作り方 p.89

どら焼き

やや膨らんだ円盤状のカステラ風生地は、表面にしっかり焼き色をつけることで表現できます。仕上げにニスを塗り、しっとりとした生地感を出しましょう。

原寸大

豆大福

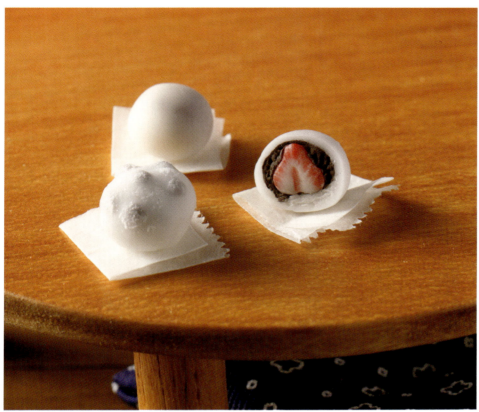

本物同様、あんこをもちでくるむように作ります。豆大福は、表面にでこぼこと豆の質感をのぞかせて、普通の大福との差を出しました。いちご大福は断面を見せて。

原寸大

せんべい

表面のでこぼこ感を出すために、工程の途中で本当に焼いて作ります。焼き色はしっかりつけ、ニスでしょうゆを塗った感じを表現します。

原寸大

Sweets / 29-30

作り方 p.92

ねりきり

パステルカラーに着色した粘土と白い粘土がグラデーションになるように作ります。中央にUVレジン用封入パーツの金のホイルをのせて上質な雰囲気を出しました。

原寸大

Sweets / 31

作り方 p.93

団子

だんごの定番、みたらし団子と草団子、3色団子。みたらし団子はたれをかける前に、上部に筆で焼き色をつけています。

原寸大

25 かき氷 ★★★★☆

材料（1個分・直径1.7×高さ2cm）
- UVレジン…星の雫
- ソース…【メロンシロップ (p.55)】宝石の雫（イエローグリーン）
- その他…市販のミニチュアパフェグラス（直径1.7×高さ1cm）ダイアビーズSS

道具
- 調色パレット
- 調色スティック
- UVライト

作り方

シロップを入れる

氷を盛る

シロップをかける

シロップを作る

❶ メロンシロップ(p.55)を作る。

シロップを入れる

❷ 調色スティックで、❶を器に少量（2分目ほどまで）流し込む。

氷を盛る

❸ 器にダイアビーズSSを入れる。シロップにひたひたに浸かるくらいが目安。UVライトを照射する（2～3分）。

❹ ❶とは別の調色パレットにUVレジンとダイアビーズSSを混ぜたものを作る。調色スティックでグラスに盛る。UVライトを照射する（2～3分）。

❺ ❹を2～3回くり返し、グラスにこんもりと盛る。

シロップをかける

❻ ❹のUVレジンとダイアビーズSSを混ぜたものに宝石の雫（イエローグリーン）を加えて着色し、グラスに盛る。

❼ UVライトを照射する（2～3分）。硬化すれば完成。

Arrange アレンジ

いちご / レモン

❶でレジンに加える着色料をかえて作ります。

- いちご…いちごシロップ (p.55)
- レモン…レモンシロップ (p.55)

---

26 どら焼き ★★☆☆☆

材料（1個分・直径1.5×厚さ0.5cm）
- 粘土…樹脂粘土（モデナソフト）1.3cm玉
  樹脂粘土（モデナ）1cm玉
- 着色料…プロスアクリックス（イエローオーカー、レッド、バーントアンバー、ロイヤルブルー、ブラック）焼き色の達人（茶、こげ茶）
- その他…つや消しニス

道具
- PPシート

作り方

成形する

焼き色をつける

あんをはさむ

生地を成形する

❶ 粘土（モデナソフト）をプロスアクリックス（イエローオーカー）で着色する。

❷ ❶の粘土を2等分して丸める。

❸ PPシートでつぶして厚さ0.2cmほどにする。

26 どら焼き

焼き色をつける

❹ ふちを指で軽く押さえて、ふんわりしたどら焼きの皮に整える。これを2個作る。

❺ 焼き色の達人（茶）で表面に焼き色をつける。

❻ 焼き色の達人（こげ茶）でさらに色を重ねる。
\POINT/ こげ茶を多めにつける。

❼ つや消しニスを塗り、乾かす。❺〜❼をくり返し、これを2個作る。

あんこをはさむ

❽ 粘土（モデナ）をプロスアクリックス（レッド、バーントアンバー、ロイヤルブルー、ブラック）で着色し、あんこを作る(p.52)。

❾ ❽を丸めて指でつぶし、❼の生地の間にはさんだら完成。

Arrange アレンジ　カットどら焼き

❾のあとカッターで半分に切ります。7本針や歯ブラシで断面をトントンとたたいて質感をつければ完成です。生地、あんこの両方をたたきます。

7本針や歯ブラシで質感をつける

---

27 豆大福 ★★★☆☆

餅であんを包む　豆をのせて餅で包む　トッピングする

材料（1個分・直径1×高さ1cm）
- 粘　土…樹脂粘土（モデナ）0.7cm玉、0.5cm玉を2個
- 着色料…プロスアクリックス（レッド、バーントアンバー、ロイヤルブルー、ブラック）
- その他…トッピングの達人（粉砂糖）

道具
・つまようじ
・木工用ボンド

作り方

あんこを作る

❶ 粘土（0.7cm玉）をプロスアクリックス（レッド、バーントアンバー、ロイヤルブルー、ブラック）で着色し、あんこを作る(p.52)。

餅を作る

❷ 粘土（0.5cm玉）の1個を指でつぶして薄くのばす。
\POINT/ 豆なしの大福は粘土（1cm玉）で作る。

餅であんを包む

❸ ❶の粘土を0.5cm玉ほどとり、❷で包む。

❹ 形を整える。
\POINT/ 豆なしの大福はこの表面にトッピングの達人（粉砂糖）をつけて完成（❷の粘土の分量が多いので、写真のようにあんこが生地から透けない）。

豆をのせる

❺ ❸の残りの粘土を0.2cm玉ほどの粒にする。つまようじを使い、❹の表面に木工用ボンドでつける。

餅で包む

❻ 粘土（0.5cm玉）のもう1個を指でつぶして薄くのばし、❺を包む。

❼

形を整える。

トッピングする
❽

トッピングの達人（粉砂糖）を指にとり、全体につける。表面が乾いたら完成。

Arrange アレンジ
カット豆大福 / いちご大福

カット豆大福は、❽のあとカッターで半分に切り、7本針で断面をたたいて質感をつけ、つや出しニスを塗って作ります。いちご大福は、まず❶で作ったあんこを餅用粘土全量（1cm玉）で包み、豆なしの大福を作ります。カッターで半分に切り、断面に質感をつけたら、木工用ボンドでスライスいちご（p.148）を貼りつけます。粘土がやわらかいうちにいちごを埋め込むようにして貼るのがポイントです。

いちご大福 — スライスいちご（p.148）を貼る
カット豆大福 — つや出しニスを塗る

---

28 せんべい ★★☆☆☆

成形し、質感をつける → 焼き色をつける → つやをつける

材料（1個分・直径1.5×厚さ0.4cm）
粘　土…樹脂粘土（モデナ）0.7cm玉
着色料…プロスアクリックス
　　　　（イエローオーカー）
　　　　焼き色の達人（茶、こげ茶）
その他…つや出しニス

道具
・7本針または歯ブラシ
・オーブントースター
・つまようじ

作り方

生地を成形する

❶ 粘土をプロスアクリックス（イエローオーカー）で着色する。

❷ ❶の粘土を丸めたら、指でつぶして薄くのばす。

質感をつける

❸ 7本針や歯ブラシで表面と裏面をトントンとたたき、質感を出す。

❹ ❸をオーブントースター（160度～180度）で2分ほど焼く。
\POINT/
焦げないように焼き加減をチェックし、時間を調節する。

焼き色をつける

❺ 焼き色の達人（茶）で両面に焼き色をつける。

❻ 焼き色の達人（こげ茶）でさらに色を重ねる。

つやをつける

❼ 両面につや出しニスを塗る。ニスが乾いたら完成。
\POINT/
つまようじなどでせんべいを押さえて固定すると、ニスが塗りやすい。

Arrange アレンジ
のりせんべい
❼のあとのり（p.169）を貼って作ります。

のり（p.169）を貼る

29 ねりきり（2色／白・ピンク）★★☆☆☆

成形する ▶ 質感をつける

材料（1個分・直径0.7×高さ0.8cm）
- 粘　土…樹脂粘土（モデナ）0.6cm玉、0.4cm玉
- 着色料…プロスアクリックス（レッド）

道具
- ラップ

作り方

生地を成形する

❶ 粘土（0.6cm玉）をプロスアクリックス（レッド）で着色する。

❷ ❶と粘土（0.4cm玉）をあわせてまとめる。

質感をつける

❸ ❷をラップで包み、上側をねじる。

❹ ラップをとる。乾いたら完成。

Arrange アレンジ

ねりきり（水色、紫）
❶で粘土の着色料をかえて作ります。

ねりきり（2色／白・水色）　粘土を宝石の雫（シアン）で着色

ねりきり（2色／白・紫）　粘土を宝石の雫（パープル）で着色

---

30 ねりきり（4色／白・オレンジ・黄緑・黄）★★☆☆☆

成形し、質感をつける ▶ トッピングする

材料（1個分・直径0.8×高さ1cm）
- 粘　土…樹脂粘土（モデナ）0.3cm玉を4個
- 着色料…プロスアクリックス（ホワイト、オレンジ、イエローグリーン、イエロー）
- その他…UVレジン用封入パーツ［ホイル］（p.34）

道具
- カッターマット
- カッター
- 木工用ボンド

作り方

生地を成形する

❶ 粘土（0.3cm玉）をそれぞれプロスアクリックス（ホワイト）（オレンジ）（イエローグリーン）（イエロー）で着色し、丸める

❷ ❶をそれぞれカッターで1/4ずつに切る。

❸ ❷を各色1個ずつとり、1個にまとめる。手のひらで転がして形を整える。
\POINT/ 粘土が乾いていたら水で湿らす。

質感をつける

❹ 色の境目の部分を中心に、カッターで筋を入れる。

トッピングする

❺ 中央にUVレジン用封入パーツ［ホイル］（p.34）を木工用ボンドで貼って完成。

Arrange アレンジ

ピンク系のねりきり（4色／白・ピンク・水色・紫）
❶で粘土の着色料をかえて作ります。ピンク・紫・水色・白の4色のねりきりです。

粘土をプロスアクリックス（ホワイト）で着色
粘土をプロスアクリックス（レッド）で着色
粘土を宝石の雫（パープル）で着色
粘土を宝石の雫（シアン）で着色

31 団子（みたらし）

★★☆☆☆

成形する → 焼き色をつける → たれをかける

材料（1個分・幅0.5×長さ2.2cm）
- 粘　土…樹脂粘土（モデナ）
  0.5cm玉を3個
- 着色料…プロスアクリックス
  （バーントアンバー、
  イエローオーカー）
- ソース…【団子（みたらし）のたれ（p.55）】
  トッピングの達人
  （キャラメルソース）
- その他…串（竹串を短く切り、細く
  裂いたもの）※

※下記 テクニック 参照。

道具
- 面相筆
- アルミホイル（パレットに使用）

作り方

生地を成形する

❶

粘土（0.5cm玉）を串に3個刺す。

\POINT/
団子を回転させながらゆっくり刺す。団子をつぶさないように注意。

焼き色をつける

❷

プロスアクリックス（バーントアンバー、イエローオーカー）を混ぜ、筆で表面につける。

\POINT/
着色料はラフに混ぜる。筆はあまり水に濡らさずに使う。

たれをかける

❸

団子（みたらし）のたれ（p.55）を❷の表面に塗る。

❹

乾いたら完成。

Arrange アレンジ

団子（3色／草）

❶で団子の色をかえて作ります。団子（草）は最後にあんこをのせてしあげましょう。

団子（3色）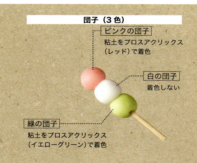

- ピンクの団子…粘土をプロスアクリックス（レッド）で着色
- 白の団子…着色しない
- 緑の団子…粘土をプロスアクリックス（イエローグリーン）で着色

団子（草）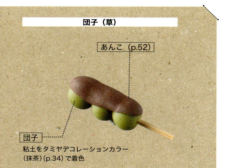

- あんこ（p.52）
- 団子…粘土をタミヤデコレーションカラー（抹茶）(p.34)で着色

Technique テクニック

串の作り方

串団子や焼き鳥（p.131）の串は、市販の竹串を使って作ります。長さは、作りたいもののサイズに合わせて調整しましょう。つまようじ（p.146）も同じ要領で作れます。

串の作り方

1
竹串をカッターで短く切る。

2
カッターで5等分くらいにさき、細くする。

3
紙やすりで表面を整える。

Sweets
32 クレープ
作り方 p.95

薄皮のクレープ生地には面相筆で焼き色を描くとリアル。生地の上にアイスクリームやフルーツをトッピングして、ホイップでデコレーションしましょう。

原寸大

Sweets
33-34 クッキー
作り方 p.96

指先サイズのクッキーはいろんな種類をたくさん作って並べるとかわいさアップ。形やトッピングで変化をつけてみてください。

原寸大

Sweets
35-37 ショコラアソート
作り方 p.97-98

小指の爪ほどの大きさの小さなチョコレートセット。チョコのとろける質感は、樹脂系ペースト粘土を使って表現。トッピングと色でバリエーションを。

原寸大

32 クレープ ★★★★☆

 成形する →  焼き色をつける →  ホイップ・トッピングする

材料（1個分・上部の直径1.3×高さ2.5cm）
- 粘　土…樹脂粘土（モデナ）1.2cm玉
  樹脂粘土（モデナソフト）0.8cm玉
- 着色料…プロスアクリックス
  （イエローオーカー、イエロー、オレンジ、バーントアンバー、レッド）
- ホイップ…水溶性アクリルシーラント
- ソース…【いちごソース（p.55）】
  トッピングの達人
  （つぶつぶいちごソース）
- トッピング…いちご（p.148）
  チョコスティック（p.154）

道具
- PPシート
- 面相筆
- アルミホイル（パレットに使用）
- コーキングガン
- しぼり袋
- 口金（8切）
- 7本針

作り方

生地を成形する

❶ 粘土（モデナ）をプロスアクリックス（イエローオーカー）で着色する。

❷ ❶の粘土を丸めたら、PPシートでつぶして薄くのばす。直径3.5cmほどが目安。

❸ ふちを指でつぶし、さらに薄くする。
\POINT/ ふちが薄いと見ため上の薄さが増し、クレープ生地らしく見える。

❹ ❸の生地を半分に折る。内側に空間を作りつつくるりと巻く。上部のふちを外側に少しめくる。

焼き色をつける

❺ プロスアクリックス（イエロー、オレンジ、バーントアンバー）を混ぜ、筆でふちに焼き色をつける。
\POINT/ 着色料は1：1：2で混色する。

❻ 側面にも、❺の着色料でうろこのような模様を描くようにして焼き色をつける。

ホイップ・トッピングする

❼ ホイップをクレープ生地の内側にツノ形にしぼる（p.54）。

❽ 粘土（モデナソフト）をプロスアクリックス（レッド）で着色し、いちごアイス（p.85）を作り、ホイップの上にのせる。

❾ アイスのうしろに2か所、ホイップをツノ形にしぼる（p.54）。

❿ しぼったホイップのわきに、いちご（p.148）をのせる。

⓫ アイスといちごの間にホイップをツノ形にしぼる（p.54）。

⓬ チョコスティック（p.154）をのせる。

⓭ アイスにいちごソース（p.55）をかける。

⓮ ソースが乾いたら完成。

Arrange アレンジ
チョコバナナクレープ
❽以降の工程でアイスクリームとトッピング、ソースをかえて作ります。

- チョコレートソース（p.55）
- ナッツ（p.174）をまぶす
- チョコスティック（p.154）をのせる
- アイスクリーム（p.85）をのせる
- バナナ（p.149）をのせる

33 クッキー（ムーンライト） ★★☆☆☆

| 成形する | 質感をつける | 焼き色をつける |

材料（1個分・直径0.9×厚さ0.1cm）
- 粘　土…樹脂粘土（モデナ）0.5cm玉
- 着色料…プロスアクリックス（イエローオーカー）
  焼き色の達人（茶、こげ茶）

道具
- 7本針または歯ブラシ

作り方

生地を成形する

❶ 粘土をプロスアクリックス（イエローオーカー）で着色する。

❷ 粘土を丸めたら、指でつぶして薄くのばす。ふちを軽く押さえ、丸みのあるムーンライト形に整える。

質感をつける

❸ 歯ブラシや7本針で表面をトントンとたたく。

焼き色をつける

❹ 焼き色の達人（茶）で表面に焼き色をつける。
\POINT/ 中央はあまり塗らず、ふちを濃いめに塗る。

❺ 焼き色の達人（こげ茶）でさらに色を重ねて完成。

Arrange アレンジ　チョコチップクッキー

❸のあと、表面につまようじでチョコチップを埋め込んでから焼き色をつけます。チョコチップは、粘土の表面が乾かないうちに埋め込みましょう。

チョコチップ…粘土（モデナペースト）をカラー粘土の達人（チョコレート）（p.34）で着色する。クリアファイルにのばし、乾いたら細かく刻む

---

34 クッキー（しぼり出し） ★★☆☆☆

| 成形する | 焼き色をつける | トッピングする |

材料（1個分・直径0.7×厚さ0.3cm）
- 粘　土…樹脂粘土（モデナ）0.8cm玉
- 着色料…プロスアクリックス（イエローオーカー）
  焼き色の達人（茶、こげ茶）
- ソース…【いちごソース（p.55）】
  スーパーX＋宝石の雫（レッド）
  ホイップの達人（ミルク）

道具
- シリコーンモールドメーカー
- ビニール手袋
- つまようじ
- 歯ブラシ
- マヨカップ

作り方

型を作る

❶ クリアファイルの上にホイップの達人（ミルク）をしぼる。乾いたら型取り（p.29）する。

生地を成形する

❷ 粘土をプロスアクリックス（イエローオーカー）で着色する。

❸ ❷の粘土を❶で作った型に詰め、型からはずす（p.29）。

質感をつける

❹  歯ブラシで表面をトントンとたたく。

❺  中央につまようじの背を押しつけて、少しくぼませる。

焼き色をつける

❻  焼き色の達人（茶）、（こげ茶）の順に焼き色をつける。

トッピングする

❼  いちごソース（p.55）を作る。つまようじにとり、中央のくぼみに入れる。ソースが乾いたら完成。

35 ショコラ（四角） ★★★☆☆

成形する → トッピングする

材料（1個分・縦0.5×横0.5×高さ0.4cm）
- 粘　土…樹脂粘土（モデナ）1cm玉
  樹脂系ペースト粘土
  （モデナペースト）適量
- 着色料…プロスアクリックス
  （バーントアンバー）
- トッピング…ナッツ（p.174）

道具
- PPシート
- カッターマット
- カッター
- クリアファイルを小さく切ったもの
- つまようじ
- ピンセット

作り方

チョコレート生地を成形する

❶ 粘土（モデナ）をプロスアクリックス（バーントアンバー）で着色する。

❷ ❶の粘土を丸めたら、PPシートで軽くつぶして厚さ0.4cmほどにする。

❸ カッターで一辺0.5cmに切る。

チョコペーストを作る

❹ 粘土（モデナペースト）をプロスアクリックス（バーントアンバー）で着色する。
\POINT/ クリアファイルを小さく切ったものの上で行うとよい。

トッピングする

❺ ❹をつまようじにとり、❸の表面に塗る。

❻ ❺の表面にナッツ（p.174）をつける。ピンセットで位置を調整する。

❼ PPシートを表面に軽く押しあて、ナッツを埋め込む。乾いたら完成。

---

36 ショコラ（丸） ★★★☆☆

成形する → トッピングする

材料（1個分・直径0.5×高さ0.3cm）
- 粘　土…樹脂粘土（モデナ）1cm玉
  樹脂系ペースト粘土
  （モデナペースト）適量
- 着色料…プロスアクリックス
  （バーントアンバー）

道具
- PPシート　　・クリアファイルを
- カッターマット　　小さく切ったもの
- カッター　　・つまようじ

作り方

形を作る

❶ 粘土（モデナ）をプロスアクリックス（バーントアンバー）で着色する。

❷ ❶の粘土を丸めたら、PPシートでコロコロと転がし、直径0.5cmほどの棒状にする。

❸ ❷をカッターで厚さ0.3cmほどに切る。指でふちをなめらかに整える。

36 ショコラ（丸）

チョコペーストを作る
4

粘土（モデナペースト）をプロスアクリックス（バーントアンバー）で着色する。

トッピングする
5

4をつまようじにとり、ショコラの表面に3本の線を描く。乾いたら完成。

6

\POINT/ 両面テープでショコラを固定すると塗りやすい。

Arrange アレンジ

ホワイトショコラ／コーヒーショコラ

ホワイトショコラは**1**、**4**で着色料をかえて作ります。コーヒーショコラは**4**のあとチョコペーストで表面をコーティングし、コーヒー豆をのせれば完成です。

ホワイトショコラ

粘土をプロスアクリックス（ホワイト、イエロー）を4：1で混色し、着色する

コーヒーショコラ

コーヒー豆（作り方は右記参照）
4のチョコペーストでコーティングする

コーヒー豆の作り方
樹脂粘土（モデナ）0.2cm玉をプロスアクリックス（バーントアンバー、ブラック）を2：1で混色して着色し、コーヒー豆の形に整える。カッターで中央に筋をつければ完成。

---

37 トリュフ（クランチ） ★★★☆☆

成形する → トッピングする

材料（1個分・直径0.5×高さ0.5cm）
粘　土…樹脂粘土（モデナ）1cm玉
樹脂系ペースト粘土（モデナペースト）適量
着色料…プロスアクリックス（バーントアンバー）
トッピング…ナッツ（p.174）

道具
・クリアファイルを小さく切ったもの
・つまようじ
・両面テープ

作り方

チョコレート生地を成形する
1

粘土（モデナ）をプロスアクリックス（バーントアンバー）で着色する。

2

1の粘土を丸める。

チョコペーストを作る
3

粘土（モデナペースト）をプロスアクリックス（バーントアンバー）で着色する。

トッピングする
4
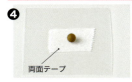
両面テープ
クリアファイルの上に両面テープを貼り、**2**を置く。
\POINT/ 両面テープでチョコレートを固定すると塗りやすい。

5

つまようじに**3**をとり、**2**の表面全体をコーティングする。

6

5の上部にナッツ（p.174）をつまようじでのせる。乾いたら完成。

Arrange アレンジ

トリュフ3種

1や**3**で着色料をかえたり、**6**でトッピングをかえて作ります。

トリュフ（金箔のせ）

UVレジン用封入パーツ［ホイル］（p.34）をのせる

ホワイトトリュフの金箔のせ
UVレジン用封入パーツ［ホイル］（p.34）をのせる
粘土をプロスアクリックス（ホワイト、イエロー）を4：1で混色し、着色

ホワイトトリュフのチョコレートソースがけ

3のチョコペーストをかける

PART 4

フード
-Food-

洋食、和食、中華、ファストフード……。思わず食べたくなるくらいおいしそうな、ミニチュアフードを作ってみましょう。質感、焼き色、ソースやたれ類へのこだわりだけでなく、盛りつけにもこだわると本物らしさがアップします。

フード作りのコツ

知っておくとよりおいしそうに仕上がるミニチュアフード作りのコツを7つにまとめました。
ここではより汎用性のある、主食の米と麺、主菜の肉類、汁物の作り方のコツと、
シズル感を出す焼き色とつや、ソース、盛りつけるパーツ使いのコツを紹介します。

コツ1　米

- 米の粒感にとことんこだわるなら、シリンジを使って樹脂粘土（モデナ）を1粒1粒成形する
- 米を量産したいなら、型を使って樹脂系ペースト粘土（モデナペースト）と粒状ペップ（p.34）で成形する

米の粒が立っている感じにこだわるなら、1粒1粒地道に成形するのがポイント。とはいえ極小サイズなので、細長い形を均一に作っていくために、まずはシリンジで細く押し出したものをデザインナイフやカッターでカットし、それから指で丸めていきます。一方、チャーハンや寿司のシャリなど、ギュッとまとまった形のごはんものでかつ、具材や焼き色である程度粒感がなくても本物らしく見えるものは、すでに米粒に近い形の粒状ペップ（p.34）に樹脂系ペースト粘土（モデナペースト）をからめて質感を出してまとめれば、一気にまとまった量の米が作れます。ただし、粒状ペップは乾いてから1〜2日ほどすると水分が抜けて縮んでしまうことがあるので長い保存には不向きです。ちなみにおにぎりは型取りしてもよいですが、米がメインのレシピなので、1粒1粒にこだわって作ることをおすすめします。

米粒感をとことん表現！

樹脂粘土 モデナ（パジコ） ＋ シリンジ

1粒ずつの作り方（おにぎりの場合）

1 シリンジの押子（押し出す棒）をはずし、中に細長く成形した粘土を詰める。

2 押子を差し込み、粘土を少しずつ押し出す。

3 作りたい米粒の長さくらいに粘土を押し出したら、デザインナイフで切り落としていく。

4 切った断面の角を丸くするイメージで、指先でクリクリと丸める。3〜4を繰り返し、量産する。

5 使うときは、原型に木工用ボンドで貼りつける（p.128「おにぎり」参照）。

量産してまとめて表現！

樹脂系ペースト粘土 モデナペースト（パジコ） ＋ 粒状ペップ ＋ 型

まとまった米の作り方（チャーハンの場合）

1 粘土（モデナペースト）をプロスアクリックス（イエロー）で着色する。※白米なら着色せず使う。

2 1に粒状ペップを入れ、まとまりが出るまで混ぜる。

3 2を型（カラースケール）に詰める。固まったら型から取り出して器に盛りつける。

コツ 2 フライ 天ぷら

- フライの衣は、樹脂粘土（モデナ）を水性アクリル絵の具プロスアクリックスのイエローオーカーで着色した粘土とカラー粘土（モデナカラー）のイエローオーカーをおろし金で削って作る
- 天ぷらの衣は、樹脂粘土（モデナ）を水性アクリル絵の具プロスアクリックスのイエローで着色したものをピンセットでつまんで表現する

フライ、天ぷらの表現に欠かせない衣。本書では、フライと天ぷらで作り方が異なります。==フライは本当にフライを作るときに使うパン粉の質感とこんがり揚がったきつね色を目指し、2色の粘土を乾燥させてから細かくおろし金で削っています。==一方、==天ぷらはフライよりも衣が粗く、色も薄い黄色をしているのが特徴。そのため、まずは揚げる食材を水性アクリル絵の具プロスアクリックスのイエローで着色した粘土で包んでから、ピンセットでつまみ毛羽立たせる==ようにして表現しています。

フライのカリッとした衣を表現！

イエローオーカー
プロスアクリックス（パジコ）
＆
樹脂粘土 モデナ（パジコ）
＆
カラー粘土 モデナカラー（パジコ）
＋
おろし金

フライの衣の作り方（海老フライの場合）

1 粘土（モデナ）をプロスアクリックス（イエローオーカー）で着色し、長方形に整えたら、そのまま5日ほど乾かす※。同様に粘土（モデナカラー（イエローオーカー））も長方形に整え、5日ほど乾かす。
※中まできちんと乾いているほうが削りやすいため、長めに乾かしています。

2 **1** をそれぞれおろし金でおろす。

3 **2** を1：1の比率で混ぜたらフライの衣の完成。

4 海老の表面に木工用ボンドを塗り、**3** をまんべんなくつける。

天ぷらのサクッとした衣を表現！

イエロー
プロスアクリックス（パジコ）
＋
樹脂粘土 モデナ（パジコ）
＋
ピンセット

天ぷらの衣の作り方（海老の天ぷらの場合）

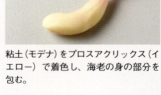

1 粘土（モデナ）をプロスアクリックス（イエロー）で着色し、海老の身の部分を包む。

2 ピンセットで**1**の粘土をはがすようにしてつまみ、質感を出す。

コツ3
肉
（牛・豚・鶏・ひき肉）

- 牛肉は水性アクリル絵の具（プロスアクリックス）の**バーントアンバー、レッドを1:1で混色**して作る
- 豚肉、鶏肉は水性アクリル絵の具（プロスアクリックス）の**イエローオーカー、レッド、ホワイトを同比率で混色**して作る
- ひき肉は軽量樹脂粘土（マーメイドパフィー）[ビスケット]を水性アクリル絵の具（プロスアクリックス）の**ブラックで着色**して作る
- 肉の質感は**歯ブラシや7本針でたたくかカッターで筋をつけて表現**する

ミニチュアフードでは、肉の種類によってその色と質感を変えて表現します。牛肉の場合は、ほかの肉に比べて赤身に赤色が強いのが特徴。バーントアンバーとレッドを同比率で混ぜて着色します。一方、豚肉、鶏肉の赤身は、薄いピンク色をしています。イエローオーカーとレッドとホワイトを同比率で混ぜて着色し、牛肉よりも薄いピンクに仕上げましょう。これらはいずれも赤身とは別に、白っぽい色の脂身をプラスし、より本物らしく仕上げるのもポイントです。またひき肉は、炒めたあとのポソポソとした質感と色を表現するため、粘土に軽量樹脂粘土（マーメイドパフィー）を使い、ブラックで着色したものを使います。そして、成形後は各肉の質感を、質感づけアイテムとしておなじみの、歯ブラシや7本針、カッターを使って再現しましょう。

\レッド／ \バーントアンバー／ \7本針／

プロスアクリックス
（パジコ）

\レッド／ \イエローオーカー／ \ホワイト／ \カッター／

プロスアクリックス
（パジコ）

軽量樹脂粘土
マーメイドパフィー
［ビスケット］
（パジコ）

\ブラック／ \7本針／

プロスアクリックス
（パジコ）

牛肉を再現

ステーキの場合

ステーキ
（p.115）

赤身はプロスアクリックスのバーントアンバーとレッドを同比率で混色して着色。脂身は無着色の粘土に赤身用に着色した粘土を少しちぎって加えて着色する。成形後は表面を7本針でトントンとたたき、細かい凹凸をつける。

豚肉・鶏肉を再現

とんかつ、焼き鳥の場合

とんかつ
（p.118）

焼き鳥（ねぎま）
（p.131）

赤身はプロスアクリックスのイエローオーカー、レッド、ホワイトを同比率で混色して着色。脂身はホワイト単色で着色する。鶏肉は赤身と脂身を層にしたあと、側面にカッターで筋を入れる。

ひき肉を再現

ハンバーグの場合

ハンバーグ
（p.114）

プロスアクリックスのブラックで着色。成形後、7本針で細かい凹凸をつける。

コツ 4 麺

- 麺はモンブランメーカー（p.32）を使い、細くしぼり出して成形する
- 麺の種類によって混ぜる着色料を変えて表現する

麺はミニチュアフードでは細く切っているわけではなく、便利アイテムで紹介した、モンブランメーカー（p.32）という道具を使って細く成形します。このモンブランメーカーとはその名のとおり、本来ミニチュアスイーツのモンブランを作るための道具です。粘土玉を詰めてセットし、ギュッと押し出すと、細くしぼり出せる特徴を活かし、本書では麺作りにも使っています。モンブランメーカーはしぼり出す太さを調整できるので、作りたい麺の特徴、サイズによって調整しましょう。また、麺の種類によって色が異なるので、セットする粘土玉の色をかえて作ります。

麺を細く成形！

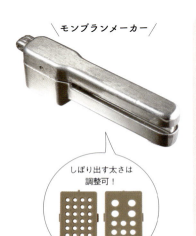

モンブランメーカー

しぼり出す太さは調整可！

パスタ麺の場合

1 モンブランメーカーのハンドルを上げ、中にしぼり口をセットする。

2 粘土（モデナ）をプロスアクリックス（イエロー、ホワイト）を同比率で混色し、着色する。

3 2 をモンブランメーカーに入れる。

4 ハンドルをおろし、ギュッとにぎって粘土をしぼり出す。適当な長さになったら指で端からちぎる。

5 しぼり出した粘土はくっつかないように少量ずつ束にしてわけておくと使いやすい。

麺の色を表現！

ラーメンの場合

プロスアクリックスのイエローで着色する。

うどんの場合

プロスアクリックスのホワイトで着色する。

そばの場合

プロスアクリックス（バーントアンバー、ブラック）を 2：1 で混色し、着色する。

コツ5 汁物

- **具材の入った汁物**は、表面から見て具材が見えるように**UVレジンを何回かにわけて流し込み**、調整する

みそ汁やラーメンなどのスープは、ドリンクと同様にUVレジンを流し込んで作ります。ただしこれらは**トッピングする具材が沈まないように、表面に少し浮いた感じを出す必要があるため、UVレジンは器に一気に流し込まず、何回かにわけて「底」を作り、そのつど見せたい深さに具材がくるようにトッピングし**、硬化していきます。このひと手間をかけると、表面から見たときに**具材の沈み具合が異なって見えるので、具材の重量感まで表現できます**。

みそ汁の場合

1 無着色のUVレジンを器の6～7分目くらいまで流し込み、硬化させる。みそ汁の場合、みそがやや分離して見えることを意識した土台作り。

2 着色したUVレジンを器の7～8分目くらいまで流し込む。

3 2に豆腐（p.164）とわかめ（p.170）を入れる。

4 さらに無着色のUVレジンを流し込み、3で入れた具材が少し沈んだ感じを出して硬化する。

5 器に薄く無着色のUVレジンを流し込み、刻みネギ（p.162）とわかめ（p.170）を入れる。これらの具材が表面に見えるようにするためのひと手間。

6 さらに具材がないところに少し着色したUVレジンを流し、具材の位置を調整し、硬化させたら完成。

コツ6 焼き色

- **広い範囲の焼き色はスポンジ**または**焼き色の達人**でつける
- **細かい焼き色は面相筆**でトントンとたたくようにつける
- ほとんどのミニチュアフードは、**つや出しニスを塗って**シズル感を出して仕上げる

ステーキやハンバーグといった、フライパンで焼いた焼き色は、パンやスイーツの焼き色よりも濃く、**しっかりとついています**。これらは**スポンジで水性アクリル絵の具（プロスアクリックス）のバーントアンバーを、トントンとたたきつけるように表面全体に塗りましょう**。また、焼き鳥や目玉焼きといったように火が入る箇所によって焼き色にムラがあるものは、**面相筆で塗ります。茶系と黒のプロスアクリックスを何度か重ね塗りしていきましょう**。フライドポテトなどの揚げ物はまんべんなくきつね色になるので、パンやスイーツ同様、**焼き色の達人を使います**。そして、**仕上げにつや出しニスでつやをつける**と、どれもできたてのようなシズル感が表現できるのでおすすめです。

まんべんなくつく焼き色

茶／こげ茶／
焼き色の達人（タミヤ）

フライドポテトの場合

表面全体にまんべんなく茶とこげ茶を重ねづけする。

バーントアンバー／

プロスアクリックス（パジコ）
＋スポンジ

ハンバーグの場合

小さく切ったスポンジで表面全体をポンポンとたたき、焼き色をつける。

部分的にしっかりつく焼き色

イエローオーカー／バーントアンバー／ブラック／面相筆

プロスアクリックス（パジコ）

焼き鳥の場合

面相筆にプロスアクリックスのイエローオーカーを少量とり、表面全体をトントンとたたくように着色する。焼き色が濃いところにバーントアンバーとブラックを重ねていく。

コツ7 ソース

- ミニチュアフードは**ソースをしたたるようにかけたり、近くに添えたり**してしずる感を出し、盛りつけを華やかにする

ミニチュアフードもまた、パンやスイーツと同様に、ソースによってよりおいしそうな雰囲気が出せるのでぜひこだわってほしいところ。**かけるだけでなく、器に別添えにしたり、プレートの脇に添えたりと、どこにソースを盛りつけるかもポイント**です。ぜひ料理本や料理店のメニューなどを参考にしながら、ソースの盛りつけを楽しんでみてください。

ミニチュアフード人気ソース早見表

【焼き鳥のたれ】(p.131)
【寿司の甘だれ】(p.135)
トッピングの達人（キャラメルソース）

【オムライスのケチャップ】(p.110)
トッピングの達人（キャラメルソース）を1プッシュ＋プロスアクリックス（レッド）をつまようじの先に少量

【カレーのルウ】(p.111)
UVレジン＋宝石の雫（ブラウン、レッド、オレンジ、イエロー、ホワイト）を**3:1:3:7:1**で混色する。

【カルボナーラソース】(p.113)
UVレジン＋宝石の雫（ホワイト、イエロー）を**3:1**で混色する。

【ハンバーグの和風ソース】(p.114)
【ステーキソース】(p.115)
【そばのつゆ】(p.126)
UVレジン＋宝石の雫（ブラウン、オレンジ、イエロー）を**2:1:2**で混色する。

【天丼たれ】(p.120)
【しょうゆ】(p.126)
UVレジン＋宝石の雫（ブラウン、オレンジ）を**1:2**で混色する。

【ハンバーグのデミグラスソース】(p.114)
【とんかつソース】(p.118)
UVレジン＋宝石の雫（ブラウン、オレンジ）を**3:2**で混色する。

【ピザのチーズ】(p.145)
アイシングの達人（イエローシュガーコート）

【ミートソースパスタのミートソース】(p.112)
UVレジン＋宝石の雫（オレンジ、レッド、ブラウン）を**4:3:1**で混色する。

【ナポリタンソース】(p.113)
UVレジン＋宝石の雫（オレンジ、レッド、ブラウン）を**10:1:1**で混色する。

【かつ丼のつゆ】(p.122)
【牛丼のつゆ】(p.123)
【うどんのつゆ】(p.127)
UVレジン＋宝石の雫（ブラウン、オレンジ、イエロー）を**1:1:2**で混色する。

【ラーメンのスープ】(p.140)
UVレジン＋宝石の雫（ブラウン、オレンジ）を**1:3**で混色する。

【ピザのトマトソース】(p.145)
スーパーX＋プロスアクリックス（オレンジ、レッド、バーントアンバー）を**4:6:1**で混色する。

【たこ焼きのソース】(p.146)
UVレジン＋宝石の雫（ブラウン、レッド、オレンジ、イエロー）を**3:1:2:1**で混色する。

Food 01 オムライス

作り方 p.110

焼いた卵の表面のポツポツとした質感、両端をギュッとすぼめたニュアンスなど、オムライスの特徴を忠実に再現。中央にケチャップをかけて、パセリをちらして。

原寸大

Food 02 カレーライス

作り方 p.111

お米ひと粒ひと粒にこだわったライス。また、具材もルウに沈んでいるとはいえ、細部の質感も出します。ルウとライスの境界線のリアルさも追求して。

原寸大

Food 03 ミートソースパスタ

作り方 p.112

うず高く盛りつけられたパスタにたっぷりとミートソースをかけて。ひき肉の質感を出すのがポイント。

原寸大

Food 04 ナポリタン

作り方 p.113

輪切りピーマン、ベーコン、粉チーズをトッピング。トマトソースは麺のすき間にもなじむようにかけるのがポイントです。

原寸大

Food 05 カルボナーラ

作り方 p.113

中央にのせた卵黄がポイント。つやをしっかりつけると本物らしさがアップします。仕上げにブラックペッパーをかけて表現して。

原寸大

Food /06
作り方 p.114

海老フライ

カリッと揚がった衣は、乾いた粘土を削ってパン粉のようにしたものをつけることで再現。ニスを塗って、揚げたてのつやを表現しましょう。

原寸大

Food /07
作り方 p.114

ハンバーグ

ひき肉の質感は表面を歯ブラシでトントンとたたいて表現。ソースはデミグラスソースと和風ソースの2種類でバリエーションを出して。

原寸大

ステーキ

表面だけでなく、レア感のあるカットした断面にも注目。脂身と赤身をきちんと再現することで、近くで見ても本物と区別がつかないほどの仕上がりに。

原寸大

ベーコンエッグ

ベーコンのカリカリ感を出すために、形状を波状にするのがポイント。ベーコンの表面と目玉焼きのふちに焼き色をつければ、もうどこから見ても本物にしか見えません。

原寸大

01 オムライス ★★★★☆

成形する

薄焼き卵を作る・巻く

ケチャップライスをつける

材料（1個分・縦1×横2.5×高さ0.5cm）

- 粘　土…樹脂粘土（モデナ）
  1cm玉を2個、0.5cm玉
- 着色料…プロスアクリックス
  （オレンジ、イエロー、ホワイト）
  焼き色の達人（茶）
- ソース…【ケチャップ（p.105）】
  トッピングの達人（キャラメルソース）＋プロスアクリックス（レッド）
- トッピング…ピーマン（p.161）

道具

- PPシート
- 歯ブラシ
- はさみ
- つまようじ
- シリンジ
- デザインナイフ

作り方

中身を成形する

❶ 粘土（1cm玉）の1個をプロスアクリックス（オレンジ）で着色する。

❷ ❶の粘土を丸めたら、オムライスの形に整える。

薄焼き卵を作る

❸ 粘土（1cm玉）のもう1個をプロスアクリックス（オレンジ、イエロー）で、粘土（0.5cm玉）を（ホワイト）で着色する。

❹ ❸の2個の粘土玉を混ぜてマーブル状にする。

❺ PPシートでつぶして薄くのばす。

❻ 歯ブラシで❺の表面をトントンとたたき、質感をつける。

卵を巻く

❼ ❻を❷に巻きつける。

❽ 両端の余分な部分をはさみで切り落とす。

❾ 両端を中身の粘土に巻き込み、形を整える。

質感をつける

❿ 歯ブラシで❾の表面をトントンとたたいたり、つまようじを端に押し当てたりして質感をつける。

薄焼き卵をやぶる

⓫ つまようじで、❿の卵生地の真ん中あたりをやぶり、中身をのぞかせる。

焼き色をつける

⓬ 焼き色の達人（茶）で表面に焼き色をつける。

ケチャップライスをつける

⓭ 粘土（モデナ・分量外）をシリンジに詰めて米を作る（p.100）。

⓮ ケチャップ（p.105）を作る。⓭とピーマン（p.161）を細かく刻んだものを混ぜる。

⓯ ⓮をつまようじにとり、⓫でやぶいた部分につける。ソースが乾いたら完成。

Coordinate　盛りつけ例

オムライスにケチャップをかけたらパセリをまぶします。添え野菜として、レタスとプチトマトをつけました。

- レタス（p.156）を添える
- プチトマト（p.157）を添える
- パセリ（p.175）を添える
- ケチャップ（p.105）
- 市販のミニチュアの器（直径3.2cm）

02 カレーライス ★★★★☆

ライスを盛る

ルウをかける

具を加える

材料（1個分・直径3cm×高さ1.5cm）

- **粘　土**…樹脂粘土（モデナ）1cm玉、0.5cm玉
- **UVレジン**…星の雫
- **着色料**…プロスアクリックス（ホワイト、レッド、バーントアンバー）
- **ソース**…【カレーのルウ（p.105）】UVレジン(星の雫)＋宝石の雫（ブラウン、レッド、オレンジ、イエロー、ホワイト）
- **その他**…市販のミニチュアの器（幅3cm）
- **トッピング**…にんじん（p.159）、ジャガイモ（p.163）、タマネギ（p.158）

道具

- 木工用ボンド　・調色パレット
- シリンジ　　　・調色スティック
- デザインナイフ　・UVライト
- つまようじ
- 歯ブラシ

作り方

土台を作る

❶
粘土（0.5cm玉）をプロスアクリックス（ホワイト）で着色する。

❷
❶の粘土を器にのせて半円のドーム型に整えたら、木工用ボンドで器に貼りつける。
\POINT/
粘土の量は器に合わせて調整する。

米を作る

❸
粘土（モデナ・分量外）をシリンジに詰めて米を作る（p.100）。

土台に米を貼る

❹
つまようじで❷の土台に木工用ボンドを塗り、❸の米を貼る。

❺
土台がほぼ隠れるまで米を貼りつけたら、少し乾かす。

牛肉を作る

❻
粘土（1cm玉）をプロスアクリックス（レッド、バーントアンバー）で着色する（p.102）。

❼
❻を0.3cm玉ほどずつにちぎってラフにまとめ、ごろごろした牛肉を作る。

❽
歯ブラシで❼の表面をトントンとたたき、質感を出す。

ルウを作る

❾
カレーのルウ（p.105）を作る。

ルウをかける

❿
❾を調色スティックで器に薄く流し、UVライトを照射する（3〜4分）。

⓫
❿を2〜3回繰り返し、ルウを器に流していく。
\POINT/
この段階で8割くらいまでルウを流し込んでおく。

具をのせる

⓬
❾を器に薄く流し、にんじん（p.159）、ジャガイモ（p.163）、❽の牛肉をのせる。
\POINT/
まず大きめの具材をのせる。

⓭
具の上に❾を流し、UVライトを照射する（3〜4分）。

⓮
⓬〜⓭と同じ要領で、タマネギ（p.158）を加え、さらにルウを追加する。UVライトを照射する（3〜4分）。
\POINT/
すきまを埋めるように具をのせる。具材の大きさは調整する。

⓯
⓮を何回かくり返し、ルウの部分の高さを出す。
\POINT/
終盤は具材にルウを少量つけてのせるだけでもOK。

仕上げる

⓰
ルウがライスに染み出していたら、ピンセットやデザインナイフで削り、木工用ボンドで❸の米を貼る。

03 ★★★★☆ ミートソースパスタ

麺を作る ▶ ソース・トッピングをのせる

材料（1個分・直径2×高さ1.5cm）

- 粘　土…樹脂粘土（モデナ）2.5cm玉
  軽量樹脂粘土（マーメイドパフィー[ビスケット]）適量
- 着色料…プロスアクリックス（イエロー、ホワイト、ブラック）
- ソース…【ミートソース（p.105）】
  UVレジン（星の雫）
  ＋宝石の雫（オレンジ、レッド、ブラウン）
- その他…市販のミニチュアの器（直径3.5cm）
  重曹
  つや出しニス
- トッピング…にんじん（p.159）を細かく刻んだもの
  粉チーズ（p.175）

道具

・モンブランメーカー（p.32）
・木工用ボンド
・調色パレット
・調色スティック
・UVライト

作り方

麺を作る

❶ 粘土（モデナ）をプロスアクリックス（イエロー、ホワイト）で着色する。
\POINT/ 着色料は1：1で混色する。

❷ ❶の粘土をモンブランメーカーに詰めてしぼり出し、麺を作る（p.103）。

❸ 麺をばらす。

❹ 麺を2本ほどずつとり、巻きつけて山型にまとめる。
\POINT/ 麺が乾燥してきた場合は木工用ボンドで貼りながら行う。

ひき肉を作る

❺ 粘土（マーメイドパフィー[ビスケット]）をプロスアクリックス（ブラック）で着色する。

❻ ❺の粘土を細かくちぎり、ひき肉を作る。

ソースを作る

❼ ミートソース（p.105）を作る。

❽ ❼に重曹を加えて混ぜる。
\POINT/ 重曹を加えることでミートソースの表面のザラザラした質感が表現できる。

❾ さらに❻、にんじん（p.159）を細かく刻んだものを加えて混ぜる。

ソースをかける

❿ 調色スティックで❾のソースを❹の麺の中央にかけて、UVライトを照射する（2〜3分）。

粉チーズをかける

⓫ さらに❾のソースを薄くかけ、粉チーズ（p.175）をかける。UVライトを照射する（2〜3分）。

仕上げる

⓬ 麺につや出しニスを塗る。ニスが乾いたら完成。

 PICK UP ミニチュアフード作りに使える市販のミニチュア食器について

※写真はすべて著者私物（株式会社リーメント製のもの）

ミニチュアフードは、ほぼ市販のミニチュア食器に盛りつけて仕上げています。これらのミニチュア食器はミニチュア作りの材料、道具を扱うクラフトメーカーをはじめ、ミニチュア＆ドールハウス雑貨を扱うメーカーやショップ、ウェブ等で購入可能です。サイズはバラバラなので、カレーライスや丼ものといったように、器のサイズに合わせて作るものは、使う器のサイズに応じて材料の分量や大きさを適宜調整してください。

04 ナポリタン ★★★☆☆

材料（1個分・直径2.5×高さ1cm）
- 粘　土…樹脂粘土（モデナ）2.5cm玉
- 着色料…プロスアクリックス
（イエロー、ホワイト）
- ソース…【ナポリタンソース（p.105）】
UVレジン（星の雫）
＋宝石の雫（オレンジ、レッド、ブラウン）
- その他…市販のミニチュアの器
（直径3.5cm）
- トッピング…ハム（p.166）を細長く切ったもの
ピーマン（p.161）
粉チーズ（p.175）

道具
- モンブランメーカー（p.32）
- 木工用ボンド
- 調色パレット
- 調色スティック
- UVライト
- ピンセット

作り方

麺を作る

❶ 粘土をプロスアクリックス（イエロー、ホワイト）で着色する。
\POINT/ 着色料は1：1で混色する。

❷ 麺を作り（p.103）、ばらす。

❸ 麺を2本ほどずつとり、巻きつけて平たくまとめる。
\POINT/ 麺が乾燥してきた場合は木工用ボンドで貼りながら行う。

ソースを作る

❹ ナポリタンソース（p.105）を作る。

ソースをかける

❺ 調色スティックで、❹のソースを麺にまんべんなくかける。UVライトを照射する（2〜3分）。

具をのせる

❻ ピンセットで、ハム（p.166）を細く切ったものとピーマン（p.161）を麺にのせる。❹のソースをかけ、UVライトを照射する。
\POINT/ ソースは具をのせたところを中心にかける。

粉チーズをかける

❼ ❹のソースを薄くかけ、粉チーズ（p.175）をふりかける。UVライトを照射する（2〜3分）。硬化したら完成。

---

05 カルボナーラ ★★★★☆

材料（1個分・直径2×高さ1.5cm）
- 粘　土…樹脂粘土（モデナ）2.5cm玉
- 着色料…プロスアクリックス
（イエロー、ホワイト）
- ソース…【カルボナーラソース（p.105）】
UVレジン（星の雫）
＋宝石の雫（ホワイト、イエロー）
- その他…市販のミニチュアの器
（直径3.5cm）
つや出しニス
- トッピング…ハム（p.166）を細長く切ったもの
ブラックペッパー（p.169）
粉チーズ（p.175）
卵黄（p.173）

道具
- モンブランメーカー（p.32）
- 調色パレット
- 調色スティック
- ピンセット
- UVライト
- 木工用ボンド

作り方

麺を作る

❶ 麺を作る（p.103）。2本ほどずつとり、巻きつけてまとめる。上に卵黄を置くスペースをあけておく。乾かす。

カルボナーラソースを作る

❷ カルボナーラソース（p.105）を作る。

❸ 調色スティックで、❷のソースを❶の麺の表面に薄く塗る。

トッピングする

❹ ハム（p.166）を細く切ったものを❷のソースに浸し、❸の麺にのせる。UVライトを照射する（3〜4分）。

❺ ❷のソースを❹の麺の表面に薄く塗り、粉チーズ（p.175）とブラックペッパー（p.169）をかける。UVライトを照射する（2〜3分）。

❻ 木工用ボンドで、❺の麺の中心に卵黄（p.173）を貼る。卵黄につや出しニスを塗る。ニスが乾いたら完成。

06 海老フライ ★★★☆☆

材料（1個分・縦2.5×横0.5×厚さ0.5cm）

- 粘　土…樹脂粘土（モデナ）適量
  樹脂粘土（モデナカラー［イエローオーカー］）適量
- 着色料…プロスアクリックス（イエローオーカー）
- その他…つや出しニス

トッピング…海老（p.165）

道具
- おろし金
- ピンセット
- 木工用ボンド
- つまようじ

作り方

衣を作る

❶
粘土（モデナ）をプロスアクリックス（イエローオーカー）で着色したものと（モデナカラー［イエローオーカー］）で衣を作っておく（p.101）。

衣をつける

❷
ピンセットで海老（p.165）の尻尾をもち、つまようじで身の部分に木工用ボンドを塗る。

❸
衣をまぶし、指で軽く押さえて整える。
\POINT/
衣がうまくつかないところには、木工用ボンドを足して衣をつける。

❹
木工用ボンドが乾いたら、衣につや出しニスを塗る。
\POINT/
つや出しニスは衣の部分だけに塗る。

Coordinate 盛りつけ例

皿の端にタルタルソースをのせて、添え野菜に千切りキャベツとプチトマトをつけます。

- プチトマト（p.157）
- 千切りキャベツ（p.156）を添える
- タルタルソース
- マヨネーズ（p.39）＋キュウリ（p.157）を細かく刻んだもの
- 市販のミニチュアの器（直径3.2cm）

---

07 ハンバーグ ★★☆☆☆

 成形する
 質感をつける
 焼き色・つやをつける

材料（1個分・縦1×横1.5×厚さ0.5cm）

- 粘　土…軽量樹脂粘土（マーメイドパフィー［ビスケット］）0.9cm玉
- 着色料…プロスアクリックス（ブラック、バーントアンバー）
- その他…つや出しニス

道具
- 7本針　・スポンジ
- アルミホイル（パレットに使用）
- ティッシュペーパー

作り方

成形する

❶
粘土（マーメイドパフィー）をプロスアクリックス（ブラック）で着色する。

❷
❶の粘土を丸めたら、小判形に整える。

質感をつける

❸
❷の表面を7本針でトントンとたたき、質感をつける。

焼き色をつける

❹
着色料をつけすぎたらティッシュペーパーで押さえる
プロスアクリックス（バーントアンバー）をスポンジにとり、❸の表面をトントンとたたくようにして焼き色をつける。

つやをつける

❺
つや出しニスを塗る。ニスが乾いたら完成。

Coordinate 盛りつけ例

ミニチュアのスキレットにデミグラスソースハンバーグと和風ハンバーグをのせて、添え野菜ににんじん、いんげん、皮つきポテトをつけました。

- デミグラスソース（p.105）
- 市販のミニチュアのスキレット（皿部分直径2.4cm）
- にんじん（p.159）をスティック状にカットしたものを添える
- 皮つきポテト（p.163）を添える
- 和風ソース（p.105）＋大根おろし（p.168）
- いんげん（p.159）を添える

114

08 ステーキ ★★★★☆

成形し、質感をつける → 焼き色・つやをつける

材料（1個分・縦1×横3×厚さ0.5cm）
- 粘　土…樹脂粘土（モデナ）1.2cm玉、0.2cm玉
- 着色料…プロスアクリックス（レッド、バーントアンバー）宝石の雫（レッド）
- その他…つや出しニス

道具
- 7本針
- スポンジ
- アルミホイル（パレットに使用）
- ティッシュペーパー
- カッターマット
- カッター
- 面相筆

作り方

成形する

❶
粘土（モデナ・1.2cm玉）をプロスアクリックス（レッド、バーントアンバー）で着色する。
＼POINT／
着色料は1：1で混色する。

❷
粘土（モデナ・0.2cm玉）に❶の粘土を少しちぎって混ぜて着色する。
＼POINT／
牛肉の脂身部分（p.102）を作る。

❸
❶をステーキの形に整える。
❷を手のひらで転がして細長くのばし、❶の端にくっつける。
＼POINT／
❷は脂身の量は調節する。

質感をつける

❹
7本針で表面をトントンとたたき、質感をつける。

焼き色をつける

❺
プロスアクリックス（バーントアンバー）をスポンジにとり、表面をたたくようにして焼き色をつける。
着色料をつけすぎたらティッシュペーパーで押さえる

つやをつける

❻
カッターで好きな幅に切り分ける。表面につや出しニスを塗る。

❼
つや出しニスに宝石の雫（レッド）を混ぜたものを筆にとり、断面に塗れば完成。

Coordinate 盛りつけ例

ステーキにしたたるくらいのソースをかけて、添え野菜ににんじん、いんげん、コーンをつけました。

- にんじん（p.159）をスティック状にカットしたものを添える
- コーン（p.163）を添える
- いんげん（p.159）を添える
- 市販のミニチュアの器（直径3.7cm）
- ステーキソース（p.105）

09 ベーコンエッグ ★★★☆☆

食材を用意する → 焼き色をつけて貼る

材料（1個分・縦1.7×横3×厚さ0.2cm）
- 着色料…プロスアクリックス（レッド、バーントアンバー、イエローオーカー）
- その他…つや出しニス
- トッピング…ベーコン（p.166）目玉焼き（p.171）

道具
- 面相筆
- アルミホイル（パレットに使用）
- ティッシュペーパー
- 木工用ボンド

作り方

ベーコンに焼き色をつける

❶
プロスアクリックス（レッド、バーントアンバー）を混ぜ、ベーコン（p.166）の赤身に塗る。
＼POINT／
着色料は1：2で混色する。

❷
プロスアクリックス（イエローオーカー）を脂身部分に塗る。
＼POINT／
色がつきすぎないようティッシュペーパーで筆先をおさえ、調整しながら塗る。

❸
プロスアクリックス（イエローオーカー、バーントアンバー）を混ぜ、ベーコンのふちに塗る。これを2個作る。
＼POINT／
着色料は1：2で混色する。

目玉焼きに貼る

❹
❸を目玉焼き（p.171）の下に木工用ボンドで貼る。

つやをつける

❺
表面につや出しニスを塗る。乾いたら完成。

Coordinate 盛りつけ例

添え野菜にレタスをつけました。ミニチュアの食器は洋食風のデザインのものを使うと華やかになります。

- 市販のミニチュアの器（直径3.7cm）
- レタス（p.156）を添える

Food 10 とんかつ
作り方 p.118

カリカリの衣のほか、断面の質感にもこだわりました。牛肉よりも色味を薄くピンク色にするのもポイントです。

原寸大

Food 11 コロッケ
作り方 p.118

ジャガイモにひき肉を混ぜた、切ってもリアルなコロッケ。見えないと思われるところへの追求が大切です。

原寸大

Food 12 みそ汁
作り方 p.119

具材だけでなく、みそとだしが少し分離している様子も忠実に再現。トッピングパーツをかえて好きなみそ汁を作ってみては。

原寸大

Food 13 天ぷら
作り方 p.120

衣の質感は、粘土をピンセットでつまんで根気よく再現。トッピングパーツさえあれば、なんでも天ぷらにできちゃいます。

原寸大

4 フード Food

Food/14 作り方 p.120

天丼

天ぷら（p.120）と同様に具材を作ったら、丼ぶりに盛りつけ。お米にしみ込む天つゆがリアル。

原寸大

Food/15 作り方 p.121

親子丼

かけ入れたとき卵の半熟感を再現。アクセントとして三つ葉とのりをバランスよくトッピングします。

原寸大

Food/16 作り方 p.122

かつ丼

とんかつ（p.118）を作ったら、器の上に盛りつけて、溶き卵をかけ入れます。本物同様に作るだけあって、思わず食べたくなるような仕上がり。

原寸大

Food/17 作り方 p.123

牛丼

バラ肉や玉ねぎの質感だけでなく、中央に紅ショウガをのせるこだわり。つゆを多めにかけて「つゆだく感」を出しても。

原寸大

10 とんかつ ★★★☆☆

豚肉を作る → 衣をまぶし、つやをつける

材料（1個分・縦1.5×横3×厚さ0.4cm）
- 粘　土…樹脂粘土（モデナ）1cm玉、0.5cm玉、適量（衣用）樹脂粘土（モデナカラー［イエローオーカー］）適量
- 着色料…プロスアクリックス（イエローオーカー、レッド、ホワイト）
- その他…つや出しニス

道具
- おろし金
- 木工用ボンド
- ピンセット
- つまようじ
- カッターマット
- カッター

作り方

衣を作る

❶ 粘土（モデナ）をプロスアクリックス（イエローオーカー）で着色したものと（モデナカラー［イエローオーカー］）で衣を作っておく（p.101）。

豚肉を作る

❷ 粘土（モデナ・1cm玉）をプロスアクリックス（イエローオーカー、レッド、ホワイト）で着色する。
\POINT/
着色料は1：1：1で混色する。

❸ 粘土（モデナ・0.5cm玉）を丸め、手のひらで転がして細長くのばす。

❹ ❷を豚肉の形に整え、端に❸をくっつける。
\POINT/
❸の量は調節する。

衣をつける

❺ ピンセットで❹の豚肉をもち、つまようじで木工用ボンドを全体にまんべんなく塗る。

❻ ❶に❺を入れて衣をつけ、指で軽く押さえて整える。
\POINT/
衣がうまくつかないところには、木工用ボンドを足して衣をつける。

カットする

❼ 木工用ボンドが乾いたら、カッターで好きな幅にカットする。

質感をつける

❽ ❼の断面にカッターで縦に筋を入れる。

つやをつける

❾ 衣につや出しニスを塗って完成。
\POINT/
つや出しニスは衣の部分だけに塗る。

Coordinate 盛りつけ例
添え野菜にはたっぷりの千切りキャベツをのせて、ソースは別添えで盛りつけましょう。
- 千切りキャベツ（p.156）を添える
- とんかつソース（p.105）
- 市販のミニチュアの器（直径3.5cm）

---

11 コロッケ ★★★☆☆

中身を成形する → 衣をまぶし、つやをつける

材料（1個分・縦1×横1.3cm×厚さ0.5cm）
- 粘　土…樹脂粘土（モデナ）0.9cm玉
樹脂粘土（モデナカラー［イエローオーカー］）適量
軽量樹脂粘土（マーメイドパフィー［ビスケット］）適量
- 着色料…プロスアクリックス（イエローオーカー、ブラック、イエロー、ホワイト）
- その他…つや出しニス

道具
- おろし金
- ピンセット
- 木工用ボンド
- つまようじ

作り方

衣を作る

❶ 粘土（モデナ）をプロスアクリックス（イエローオーカー）で着色したものと（モデナカラー［イエローオーカー］）で衣を作っておく（p.101）。

ひき肉を作る

❷ 粘土（マーメイドパフィー［ビスケット］）をプロスアクリックス（ブラック）で着色する。

❸ ❷を細かくちぎって、ひき肉を作る。

中身を成形する

❹ 粘土（モデナ0.9cm玉）をプロスアクリックス（イエロー、ホワイト）で着色する。

❺ ❹に❸のひき肉を混ぜて丸め、小判形に整える。

衣をつける

❻ ❺をピンセットで持ち、つまようじで木工用ボンドを全体にまんべんなく塗る。

❼ ❶に❻を入れて衣をつけ、指で軽く押さえて整える。
\POINT/
衣がうまくつかないところには、木工用ボンドを足して衣をつける。

つやをつける

❽ 木工用ボンドが乾いたら、表面につや出しニスを塗る。ニスが乾いたら完成。

Coordinate 盛りつけ例
コロッケを2個のせて、1個は半分にカットして盛りつけます。添え野菜にはレタスとスライストマトをつけました。
- レタス（p.156）を添える
- スライストマト（p.158）を添える
- とんかつソース（p.105）
- カットコロッケ：コロッケをカッターで半分に切り、断面につや出しニスを塗る
- 市販のミニチュアの器（直径3.5cm）

---

12 みそ汁 ★★★☆☆

土台を作る → 汁と具を入れる

材料（1個分・直径1.7×高さ1.5cm）
- UVレジン…星の雫
- 着色料…宝石の雫（ホワイト、イエロー、ブラウン）
- その他…市販のミニチュアの器（直径1.7×高さ1.5cm）
- トッピング…豆腐（p.164）
  　　　　　わかめ（p.170）
  　　　　　刻みネギ（p.162）

道具
- 調色パレット
- 調色スティック
- UVライト
- ピンセット

作り方

土台を作る

❶ 無着色のUVレジンを器の7分目くらいの高さまで流し込み、UVライトを照射する（2〜3分）。
\POINT/
上から見て少し透明感を出すため。

汁を作る

❷ UVレジンに宝石の雫（ホワイト、イエロー、ブラウン）を加えて着色する。
\POINT/
10：2：1の割合で加える。

❸ 無着色のUVレジンに❷を加えて軽く混ぜ、まだらな着色レジンを作る。

器に汁と具を入れる

❹ 調色スティックで、❶の器に❸を器の7〜8分目くらいの高さまで加える。

❺ ピンセットで豆腐（p.164）、わかめ（p.170）を入れる。

❻ ❺の器に無着色のUVレジンを垂らし、調色スティックで軽くかき混ぜる。UVライトを照射する（3〜4分）。

❼ ❻の器に無着色のUVレジンを薄く流し、ピンセットで刻みネギ（p.162）とわかめ（p.170）を追加する。
\POINT/
具材を分けて加えることで奥行きが出る。

❽ 具材のないところを中心に❸を加え、UVライトを照射する（3〜4分）。硬化したら完成。

13 天ぷら ★★★☆☆

材料（1個分・縦2.5×横0.5×厚さ0.5cm）
粘　土…樹脂粘土（モデナ）1.2cm玉
着色料…プロスアクリックス
　　　　（イエロー）

トッピング…海老（p.165）

道具
・ピンセット

作り方

海老を粘土で包む

❶
粘土をプロスアクリックス（イエロー）で着色する。

❷
❶の粘土で海老（p.165）を包む。

質感をつける

❸
ピンセットで粘土をはがすようにして、天ぷらの衣の質感を出す（p.101）。

Arrange アレンジ　しいたけと野菜の天ぷら

❷で包む食材をかえて作ります。ししとう、かぼちゃ、なすの天ぷらは、天丼（p.120）で使います。

しいたけ（p.164）　ししとう（p.160）　かぼちゃ（p.159）　なす（p.160）　なすの飾りきり（p.160）

14 天丼 ★★★★☆

材料（1個分・直径2.5×高さ1.5cm）
粘　土…樹脂粘土（モデナ）
　　　　1.2cm玉を5個、1.3cm玉
着色料…プロスアクリックス
　　　　（イエロー）
ソース…【天丼のたれ（p.105）】
　　　　UVレジン＋宝石の雫（ブラウン、オレンジ）
その他…市販のミニチュアの器
　　　　（直径2.5×高さ1cm）、
　　　　造花の葉

トッピング…かぼちゃ（p.159）
　　　　　　ししとう（p.160）
　　　　　　なす（p.160）
　　　　　　海老（p.165）

道具
・はさみ　　・調色パレット
・ピンセット　・調色スティック
・木工用ボンド　・UVライト
・シリンジ
・デザインナイフ

作り方

天ぷらを作る

❶
造花の葉をはさみで切り、長さ1cmほどの大葉の形にする。

❷
粘土（1.2cm玉）5個をすべてプロスアクリックス（イエロー）で着色する。

❸
❶の大葉、かぼちゃ（p.159）、ししとう（p.160）、なす（p.160）、海老（p.165）を❷の粘土でそれぞれ包む。

土台を作る

❹
器の底に木工用ボンドを塗り、粘土（1.3cm玉）を詰める。

\POINT/
まず底上げしておく。粘土の量は器の大きさに合わせて調節する。

天ぷらをのせる

❺
❹の土台に木工用ボンドを塗り、❸の天ぷらを盛りつける。

米を作る

❻
粘土（モデナ・分量外）をシリンジに詰めて米を作る（p.100）。

米をのせる

❼
土台の見えている部分に木工用ボンドを塗り、❻の米を貼る。

たれを作る

❽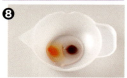
天丼のたれ（p.105）を作る。

たれをかける

❾
調色スティックで、❽を❼の器の米の部分に流し、UVライトを照射する（2〜3分）。

❿
❽を❾の具の部分にライン状に流し、UVライトを照射する（2〜3分）。硬化したら完成。

15 親子丼 ★★★★☆

土台を作る → 卵をのせる → 具をのせる

材料（1個分・直径2.5×高さ1cm）
粘　土…樹脂粘土（モデナ）1.3cm玉、
　　　　1.2cm玉、1cm玉、0.7cm玉
UVレジン…星の雫
着色料…プロスアクリックス
　　　　（イエロー、オレンジ、
　　　　ホワイト、レッド、
　　　　イエローオーカー）
その他…市販のミニチュアの器
　　　　（直径2.5×高さ1cm）
　　　　つや出しニス

トッピング…タマネギ（p.158）
　　　　　　のり（p.169）を細長く
　　　　　　刻んだもの
　　　　　　三つ葉（p.170）

道具
・木工用ボンド
・調色パレット
・調色スティック
・ピンセット
・つまようじ
・UVライト

作り方

土台を作る

❶ 器の底に木工用ボンドを塗る。

❷ 粘土（1.3cm玉）を❶の器に詰める。
\POINT/ まず底上げしておく。粘土の量は器の大きさに合わせて調節する。

卵を作る

❸ 粘土（1.2cm玉）をプロスアクリックス（イエロー、オレンジ）、粘土（1cm玉）をプロスアクリックス（ホワイト）で着色する。
\POINT/ 着色料は1：1で混色する。

❹ ❸の2個の粘土玉をそれぞれ調色パレットに入れ、水を少量加える。

❺ 粘土をほぐすようにして、ゆるいかたまりが少し残るくらいまで水に溶き、溶き粘土（黄）と溶き粘土（白）を作る。
\POINT/ 様子をみながら水や粘土の量を調整する。

黄身を敷く

❻ ❺の溶き粘土（黄）を❷の土台の上に敷く。

鶏肉を作る

❼ 粘土（0.7cm玉）をプロスアクリックス（レッド、イエローオーカー）で着色する。
\POINT/ 着色料は1.5：1で混色する。

❽ ❼の粘土を小さくちぎって重ね、ひねるようにしてラフにまとめ、鶏肉を作る。

具を盛りつける

❾ ❽の鶏肉を❻の器に盛りつける。

❿ ❾の器にピンセットでタマネギ（p.158）を盛りつける。

黄身をかける

⓫ ❿の器に調色スティックで、❺の溶き粘土（黄）をかける。

白身をかける

⓬ ⓫の器につまようじで、❺の溶き粘土（白）をところどころにのせる。

質感をつける

⓭ ⓬の器の表面をつまようじでつついて卵のボソボソした感じを出し、少し乾かす。

⓮ 無着色のUVレジンを⓭の表面に調色スティックで薄く流し、卵のとろっとした感じを出す。
\POINT/ かけすぎないように少しずつかける。

トッピングする

⓯ ピンセットでのり（p.169）を⓮の器の中心に盛りつける。三つ葉（p.170）の葉を1枚ずつに分けて散らす。UVライトを照射する（2〜3分）。

⓰ ⓯の三つ葉につや出しニスを塗る。ニスが乾いたら完成。

16 かつ丼 ★★★★☆

土台を作る → 黄身を敷く → 具をのせる

材料（1個分・直径2.5×高さ1.5cm）

粘 土…樹脂粘土（モデナ）1.3cm玉、1.2cm玉、1cm玉
※とんかつ用の粘土の分量はp.118参照。

着色料…プロスアクリックス（イエロー、オレンジ、ホワイト、イエローオーカー、レッド）

ソース…【かつ丼のつゆ（p.105）】UVレジン（星の雫）＋宝石の雫（ブラウン、オレンジ、イエロー）

その他…市販のミニチュアの器（直径2.5×高さ1cm）

トッピング…タマネギ（p.158）、三つ葉（p.170）

道具
・木工用ボンド
・調色パレット
・調色スティック
・ピンセット
・つまようじ
・おろし金
・カッターマット
・カッター
・UVライト

作り方

とんかつを作る

❶
とんかつを作る（p.118）。

土台を作る

❷
器の底に木工用ボンドを塗る。

❸
粘土（1.3cm玉）を器に詰める。
\POINT/ まず底上げしておく。粘土の量は器の大きさに合わせて調節する。

卵を作る

❹
粘土（1.2cm玉）をプロスアクリックス（イエロー、オレンジ）、粘土（1cm玉）を（ホワイト）で着色する。
\POINT/ 着色料は1：1で混色する。

❺
❹の2つの粘土玉をそれぞれ調色パレットに入れ、水を少量加える。

❻
❺をそれぞれほぐすようにして、ゆるいかたまりが少し残るくらいまで水に溶き、溶き粘土（黄）と溶き粘土（白）を作る。
\POINT/ 様子をみながら水や粘土の量を調整する。

黄身を敷く

❼
❻の溶き粘土（黄）を❸の土台の上に敷く。

タマネギをのせる

❽
❼の器にピンセットでタマネギ（p.158）を盛りつける。

白身をのせる

❾
❽の器につまようじで、❻の溶き粘土（白）をところどころにのせる。

質感をつける

❿
❾の器の表面をつまようじでつついて卵のボソボソした感じを出し、少し乾かす。
\POINT/ お好みで❻の溶き粘土（黄）をタマネギが見える程度に追加する。

とんかつをのせる

⓫
ピンセットで、❶のとんかつを❿の上にのせる。
\POINT/ 肉の断面が見えるよう少しずらして盛りつける。

黄身をかける

⓬
⓫のとんかつにピンセットなどで、❻の溶き粘土（黄）をトントンと置くようにしてかけ、質感をけば立たせる。

白身をかける

⓭
つまようじで、❻の溶き粘土（白）を⓬のとんかつの上やまわりにのせる。少し乾かす。

つゆを作る

⓮
かつ丼のつゆ（p.105）を作る。

つゆをかける

⓯
⓭の表面に調色スティックで、⓮のつゆをかける。

三つ葉をのせる

⓰
⓯の器の中央にピンセットで三つ葉（p.170）をのせる。UVライトを照射する（2〜3分）。硬化したら完成。

17 牛丼 ★★★★☆

 土台を作る → 具をのせる

材料（1個分・直径 2.5 ×高さ 1.5cm）

- 粘　土…樹脂粘土（モデナ）1.3cm玉、1cm玉、0.5cm玉
- 着色料…プロスアクリックス（バーントアンバー、レッド）
- ソース…【牛丼のつゆ（p.105）】UVレジン（星の雫）＋宝石の雫（ブラウン、オレンジ、イエロー）
- その他…市販のミニチュアの器（直径 2.5 ×高さ 1cm）つや出しニス
- トッピング…タマネギ（p.158）紅ショウガ（p.168）

道具

- 木工用ボンド
- 歯ブラシ
- ピンセット
- 調色パレット
- 調色スティック
- UVライト

作り方

土台を作る

❶ 器の底に木工用ボンドを塗る。

❷ 粘土（1.3cm玉）を❶の器に詰める。
\POINT/ まず底上げしておく。粘土の量は器の大きさに合わせて調節する。

牛肉を作る

❸ 粘土（1cm玉）をプロスアクリックス（バーントアンバー、レッド）で着色する。
\POINT/ 着色料は1：1で混色する。

❹ ❸の粘土と粘土（0.5cm玉）を混ぜてマーブル状にする。

❺ ❹の粘土を歯ブラシで表面をトントンとたたいて、質感をつける。

❻ ❺の粘土をピンセットで細かくちぎる。

❼ ❻を乾かす。

つゆを作る

❽ 牛丼のつゆ（p.105）を作る。

つゆをかける

❾ ❷の表面に調色スティックで、❽のつゆをかける。

具をのせる

❿ ❾の器にピンセットで❼の牛肉、タマネギ（p.158）を盛りつける。

つゆをかける

⓫ ❿の表面に調色スティックで、❽のつゆを薄く流す。UVライトを照射する（2～3分）。

トッピングする

⓬ さらに❽のつゆを薄くかけ、紅ショウガ（p.168）をのせる。UVライトを照射する（2～3分）。

⓭ ⓬の紅ショウガにつや出しニスを塗る。ニスが乾いたら完成。

Food /18 **卵かけごはん** 作り方 p.126

お米の粒感と、生たまごの白身の透明感がポイント。数滴ほどしょうゆを垂らして仕上げれば見事なTKGに。

原寸大

Food /19 **天ぷらそば** 作り方 p.126

たっぷり衣をつけた海老をドーンとのせて。そばはうどんよりも細くします。かまぼこ、刻みネギをバランスよく盛りつけて。

原寸大

Food /20 作り方 p.127

うどん

月見うどんは、卵の白身を真っ白にせず、少し透明感を残して作るのがポイント。つゆからうまく麺が見えるように調整して作りましょう。

原寸大

Food 21 焼き鮭

切り身の質感をカッターで細かく筋を入れて再現。現物や写真を見ながら本物らしい形を追求して作ってみてください。

原寸大

Food 22 おにぎり

三角おにぎりと俵形の2種類を作りました。のりの表面のしわが本物らしさを高めるポイント。厚焼き卵とキュウリのつけものを添えて。

作り方 p.128

原寸大

Food 23 お弁当

作り方 p.129

好きな具材とごはんをお弁当箱に詰めて。レタスなどの葉もの野菜を仕切りにうまく使いましょう。

原寸大

125

18 卵かけごはん ★★★☆☆

土台を作る → 生卵をのせる → 米としょうゆを加える

材料（1個分・直径2×高さ1.2cm）

粘　土…樹脂粘土（モデナ）0.8cm玉
UVレジン…星の雫
ソース…【しょうゆ（p.105）】
　　　　UVレジン（星の雫）
　　　　＋宝石の雫（ブラウン、オレンジ）
その他…市販のミニチュアの器
　　　　（直径2×高さ1cm）
　　　　つや出しニス

トッピング…卵黄（p.173）

道具

・木工用ボンド　・UVライト
・調色スティック　・シリンジ
・調色パレット　・デザインナイフ
・つまようじ

作り方

土台を作る

❶ 器の底に木工用ボンドを塗る。

❷ 粘土を❶の器に詰め、中央を調色スティックで凹ませて卵を置くスペースを作る。
\POINT/ 粘土の量は器に合わせて調節する。

生卵をのせる

❸ ❷で作った凹みにUVレジンを薄く流し、卵黄（p.173）をのせる。UVライトを照射する（2～3分）。

❹ ❸の卵黄の上にさらにUVレジンを流す。UVライトを照射する（2～3分）。

米をのせる

❺ 粘土（モデナ・分量外）をシリンジに詰めて米を作る（p.100）。つまようじで❹の土台の部分に木工用ボンドを塗り、米をのせていく。

❻ ❺の米の部分に薄くつや出しニスを塗る。

しょうゆをかける

❼ しょうゆ（p.105）を作る。UVライトを照射する（2～3分）。硬化したら完成。

19 天ぷらそば ★★★★☆

そばを作る → つゆを入れる → 具をのせる

材料（1個分・直径2.5×高さ1.5cm）

粘　土…樹脂粘土（モデナ）2.3cm玉
※海老の天ぷら用の粘土の分量はp.120参照。
着色料…プロスアクリックス
　　　　（バーントアンバー、ブラック）
ソース…【そばのつゆ（p.105）】
　　　　UVレジン（星の雫）
　　　　＋宝石の雫（ブラウン、オレンジ、イエロー）
その他…市販のミニチュアの食器
　　　　（直径2.5×高さ1cm）
　　　　つや出しニス

トッピング…海老（p.165）
　　　　　　かまぼこ（p.165）
　　　　　　刻みネギ（p.162）

道具

・モンブランメーカー
・調色パレット
・調色スティック
・UVライト
・ピンセット

作り方

海老の天ぷらを作る

❶ 海老の天ぷらを作る（p.120）。

そばを作る

❷ 粘土をプロスアクリックス（バーントアンバー、ブラック）で着色する。
\POINT/ 着色料は2：1で混色する。

❸ ❷の粘土をモンブランメーカーに詰めてしぼり出し、そばを作る（p.103）。ほぐしてばらす。

❹ 器に❸のそばを盛りつける。

つゆを作る

❺ そばのつゆ（p.105）を作る。

つゆを入れる

❻ ❺を❹の器の3～4分目まで流し、UVライトを照射する（2～3分）。これを計2回繰り返し器の8分目まで入れる。

具をのせる

❼ ❺を器に薄く流す。

❽ ❶の海老の天ぷらとかまぼこ（p.165）、刻みネギ（p.162）を❼の上に盛りつける。UVライトを照射する（2〜3分）。

❾ ❺を❽の器に薄く流して刻みネギを追加する。UVライトを照射する（2〜3分）。

❿ かまぼこにつや出しニスを塗る。ニスが乾いたら完成。

20 うどん ★★★★☆

材料（1個分・直径2.5×高さ1.3cm）

- 粘　土…樹脂粘土（モデナ）2.3cm玉
- UVレジン…星の雫
- 着色料…プロスアクリックス（ホワイト）
  　　　　宝石の雫（ホワイト）
- ソース…【うどんのつゆ（p.105）】
  　　　　UVレジン（星の雫）
  　　　　＋宝石の雫（ブラウン、
  　　　　オレンジ、イエロー）
- その他…市販のミニチュアの食器
  　　　　（直径2.5×高さ1cm）
  　　　　つや出しニス
- トッピング…卵黄（p.173）
  　　　　　　かまぼこ（p.165）
  　　　　　　刻みネギ（p.162）

道具

- モンブランメーカー
- 調色パレット
- 調色スティック
- UVライト
- クリアファイル
- ピンセット

作り方

うどんを作る → つゆを入れる → 具をのせる

うどんを作る

❶ 粘土をプロスアクリックス（ホワイト）で着色する。

❷ ❶の粘土をモンブランメーカーに詰めてしぼり出し、うどんを作る（p.103）。

❸ 麺をほぐしてばらす。
\POINT/
1本ずつにばらしておいたほうがうどんらしくなる。

❹ 器に❸のうどんを盛りつける。

つゆを作る

❺ うどんのつゆ（p.105）を作る。

つゆを入れる

❻ ❺を❹の器の3〜4分目まで流し、UVライトを照射する（2〜3分）。これを計2回繰り返し、器の8分目まで入れる。

生卵を作る

❼ クリアファイルにUVレジンをたらし、卵黄（p.173）をのせる。UVライトを照射する（2〜3分）。

具をのせる

❽ ❻の器に❺を薄く流し、❼の生卵、かまぼこ（p.165）、刻みネギ（p.162）をのせ、UVライトを照射する（2〜3分）。

❾ ❽の卵黄の上に無着色のUVレジンを薄く流す。

❿ UVレジンを宝石の雫（ホワイト）で着色し、❾の卵黄のまわりに薄く流す。UVライトを照射する（3〜4分）。

⓫ ❿の表面に❺を薄く流し、ピンセットで刻みネギを加える。UVライトを照射する（2〜3分）。
\POINT/
❽と層を分けることで奥行を出す。

⓬ かまぼこにつや出しニスを塗る。ニスが乾いたら完成。

21 焼き鮭 ★★★☆☆

成形する → 質感をつける → 皮に色をつける

材料（1個分・縦0.8×横2.5×厚さ0.3cm）
- 粘 土…樹脂粘土（モデナ）0.9cm玉
- 着色料…プロスアクリックス（オレンジ、ブラック）パールカラーアクリル（銀）(p.34)※

※パール入りの水性アクリル塗料で銀ならほかで代用可。

道具
- カッターマット
- カッター
- 7本針
- 面相筆
- アルミホイル（パレットに使用）
- ティッシュペーパー

作り方

身を成形する

❶ 粘土をプロスアクリックス（オレンジ）で着色する。

❷ ❶の粘土を丸めたら、鮭の切り身の形に整える。

身に質感をつける

❸ カッターで❷の側面部分に細かい筋を入れる。

❹ 7本針で❸のシャケで皮になる部分（上部の面）をトントンとたたき、質感をつける。

❺ 質感をつけたところ。

皮に色をつける

❻ パールカラーアクリル（銀）で皮の部分を塗る。

❼ ❻の着色料にプロスアクリックス（ブラック）を混ぜ、さらに皮の部分に色を重ねる。

\POINT/
色がつきすぎないようティッシュペーパーで筆先をおさえ、調整して塗る。身が太い部分の皮を濃く塗る。

血合いを作る

❽ 中央付近の皮と身の境目に❼の着色料を塗り、血合いを表現する。

Coordinate 盛りつけ例

手前に大根おろしを添えます。角皿に盛りつけると和食感が出ます。

市販のミニチュアの器（縦2×横3.3cm）
大根おろし(p.168)を添える

---

22 おにぎり ★★★☆☆

成形する → 質感（米）をつける → のりを巻く

材料（1個分・1辺1×厚さ0.5cm）
- 粘 土…樹脂粘土（モデナ）0.8cm玉
- 着色料…プロスアクリックス（ホワイト）
- その他…つや出しニス

トッピング…のり(p.169)

道具
- シリンジ
- デザインナイフ
- つまようじ
- 木工用ボンド
- ピンセット
- ウェットティッシュ

作り方

成形する

❶ 粘土をプロスアクリックス（ホワイト）で着色する。

❷ ❶の粘土を丸めたら、三角形に整える。

米を貼る

❸ 粘土（モデナ・分量外）をシリンジに詰めて米を作る(p.100)。

のりを巻く

❹ ❷をつまようじに刺し、表面に木工用ボンドを別のつまようじで塗り、❸の米をピンセットで貼りつける。

❺ 木工用ボンドが乾いたらつまようじを抜く。

❻ のり（p.169）をおにぎりに巻き、乾かす。
\POINT/ のりがやわらかいうちに巻くと自然につく。乾いていたらウェットティッシュなどで湿らせる。

❼ つや出しニスを塗る。ニスが乾いたら完成。

Arrange アレンジ

俵おにぎり／具入りおにぎり
俵おにぎりは、❷のときに粘土を俵型にして作ります。具入りおにぎりは、❺でのりを側面に巻き、米を表面に貼り、中央に具を貼れば完成。

俵おにぎり

鮭おにぎり
鮭：粘土（モデナ）をプロスアクリックス（オレンジ）で着色し、細かくちぎったものをいくつかつける

梅おにぎり
梅干し（p.171）を少しつぶしてつける

---

23 お弁当 ★★★★☆

土台を作る → 具をのせる → 米と梅干しをのせる

材料（1個分・縦1.8×横3×高さ1cm）

粘土…樹脂粘土（モデナ）1cm玉
※焼き鮭用の粘土の分量はp.128参照

着色料…プロスアクリックス（オレンジ、ブラック）
パールカラーアクリル（銀）(p.34)

その他…市販のミニチュアの弁当箱（縦2×横3×高さ1cm）
つや出しニス

トッピング…レタス（p.156）
キュウリ（p.157）を半分に切ったもの
卵焼き（p.172）
プチトマト（p.157）
梅干し（p.171）

道具
・木工用ボンド ・面相筆
・つまようじ ・ティッシュペーパー
・カッターマット ・シリンジ
・カッター ・デザインナイフ
・7本針

作り方

土台を作る

❶ 粘土（1cm玉）を弁当箱の5分目くらいまで敷き詰める。
\POINT/ まず底上げしておく。粘土の量は器に合わせて調整する。

具をのせる

❷ 焼き鮭を作る（p.128）。木工用ボンドをつまようじにとり、焼き鮭を❶のお弁当の中央に貼る。

❸ ❷の焼き鮭の左奥に木工用ボンドでレタス（p.156）、キュウリ（p.157）を貼る。

❹ ❸の焼き鮭の右奥に木工用ボンドで卵焼き（p.172）を貼り、キュウリと卵焼きの間にプチトマト（p.157）を貼る。

米をのせる

❺ 粘土（モデナ・分量外）をシリンジに詰めて米を作る（p.100）。

❻ 木工用ボンドをつまようじにとり、❹の土台の見えている部分に塗る。そこに❺の米をのせていく。

仕上げる

❼ ❻の米と焼き鮭につや出しニスを塗る。木工用ボンドで米の中心あたりに梅干し（p.171）をつける。木工用ボンドが乾いたら完成。

Coordinate 盛りつけ例

おにぎり弁当
米のかわりにおにぎりを詰め、おかずをかえて作ります。おにぎりとおかずのサイズは弁当箱に合わせて調整しましょう。

- スライスたまご（p.172）を入れる
- シュウマイ（p.139）を入れる
- にんじん（p.159）を千切りにしたものを入れる
- プチトマト（p.157）を入れる
- 鮭おにぎり（p.129）を入れる
- 梅おにぎり（p.129）を入れる
- 海老フライ（p.114）を入れる
- ハンバーグ（p.114）をカットしたものを入れる
- レタス（p.156）でおかずとおにぎりを区切る

Food / 24-25 作り方 p.131

焼き鳥

つくね、ねぎま、もも、つくねの4種類。串は竹串を細くさいて作りました。焼き色とたれがシズル感を高めます。

原寸大

Food / 26-31 作り方 p.132-137

寿司

ミニチュア寿司はマグロ、サーモン、海老、あなご、玉子、いくら軍艦の6種類。どれも指先サイズですが、近くで見ても本物さながらの質感です。

原寸大

24 焼き鳥（ねぎま） ★★★☆☆

鶏肉を作る → 焼き色をつける → たれをつける

 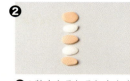 

材料（1個分・縦3.5×横0.6×厚さ0.3cm）
- 粘　土…樹脂粘土（モデナ）0.6cm玉、0.3cm玉
- 着色料…プロスアクリックス（レッド、イエローオーカー、ホワイト、バーントアンバー、ブラック）
- ソース…【焼き鳥のたれ（p.105）】トッピングの達人（キャラメルソース）
- その他…串（竹串を3.7cm長さに切り、細く裂いたもの）※
  ※作り方は p.93。
- トッピング…長ネギ（p.162）

道具
- カッター
- 面相筆
- 平筆
- アルミホイル（パレットに使用）

作り方

鶏肉を作る

❶ 粘土（0.6cm玉）をプロスアクリックス（レッド、イエローオーカー、ホワイト）、粘土（0.3cm玉）を（ホワイト）で着色する。
\POINT/ 着色料は1:1:1で混色する。

❷ ❶の粘土をそれぞれ小さくちぎり、幅0.6cmほどの平らな小判形にラフにまとめる。

❸ ❷の赤身と脂身を交互に重ねる。
\POINT/ 赤身が外側にくるようにする。

❹ カッターで横に細かく筋をつけながらなじませる。❷〜❹を繰り返し、計3個鶏肉を作る。

串に刺す

❺ ❹の鶏肉3個と長ネギ（p.162）を交互に串に刺す。

焼き色をつける

❻ プロスアクリックス（バーントアンバー、イエローオーカー）を混ぜ、❺の表面全体を面相筆で薄く塗る。
\POINT/ 着色料は2:1で混色する。

❼ ❻で塗った着色料にプロスアクリックス（ブラック）を混ぜ、色を重ねる。
\POINT/ 中央と串の先に塗る。

たれをつける

❽ 着色料が乾いたら、焼き鳥のたれ（p.105）を平筆で❼の表面全体に塗る。

❾ たれが乾いたら完成。

Arrange アレンジ

鶏もも串
❺で長ネギを間にはさまずに作ります。

---

25 焼き鳥（つくね） ★★☆☆☆

つくねを作る → 焼き色をつける → たれをつける

材料（1個分・縦3.5×横0.6×厚さ0.6cm）
- 粘　土…軽量樹脂粘土（マーメイドパフィー[ビスケット]）0.9cm玉
- 着色料…プロスアクリックス（ブラック、バーントアンバー、イエローオーカー）
- ソース…【焼き鳥のたれ（p.105）】トッピングの達人（キャラメルソース）
- その他…串（竹串を3.7cm長さに切り、細く裂いたもの）※
  ※作り方は p.93。

道具
- 7本針　・アルミホイル
- 面相筆　（パレットに使用）
- 平筆　　・木工用ボンド

作り方

つくねを作る

❶ 粘土をプロスアクリックス（ブラック）で着色する。

❷ ❶の粘土を3等分して丸める。

❸ ❷3個を串に刺す。7本針で表面をトントンとたたいて質感をつける。

25 焼き鳥（つくね）

焼き色をつける

❹ プロスアクリックス（バーントアンバー、イエローオーカー）を混ぜ、❸の表面に面相筆でつける。

\POINT/ 着色料は2：1で混色する。丸玉のふくらみ部分を濃く塗る。

❺ ❹で塗った着色料にプロスアクリックス（ブラック）を混ぜ、色を重ねる。

\POINT/ 鶏肉が回転して塗りづらい場合は、木工用ボンドをつまようじにとり、鶏肉と串の間に塗って固定する。

たれをつける

❻ 着色料が乾いたら、焼き鳥のたれ（p.105）を平筆で❺の表面全体に塗る。

❼ たれが乾いたら完成。

Arrange アレンジ

五平形のつくね
❷のときに3等分せず、❸で粘土全量を串に貼りつけて作ります。

Coordinate 盛りつけ例

器に並べて盛りつけると高級感たっぷり。重ねると赤提灯系の居酒屋のような粋な感じに。

市販のミニチュアの器（縦3.5×横3.5cm）
市販のミニチュアの器（縦2×横4cm）

---

26 寿司（マグロ） ★★☆☆

シャリを作る → シャリにのせる

材料（1個分・縦0.5×横1.2×高さ0.5cm）

粘　土…樹脂粘土（モデナ）
　　　　0.7cm玉、0.5cm玉
　　　　樹脂粘土（モデナペースト）
　　　　適量
着色料…プロスアクリックス
　　　　（レッド）
その他…粒状ペップ（p.34）
　　　　つや出しニス

道具

・シリコーンモールドメーカー
・調色パレット
・調色スティック
・PPシート
・歯ブラシ
・カッターマット
・カッター
・木工用ボンド
・つまようじ

作り方

原型を作る

❶ 粘土（モデナ・0.7cm玉）を俵形にして乾かす。

型を作る

❷ ❶をシリコーンモールドメーカーで型取りする（p.29）。

\POINT/ 型を作っておけば均一な形のシャリが量産できる。

❸ 乾いたら俵形の粘土をはずす。これで型の完成。

\POINT/ 原型は型取りが目的。原型自体は使わない。

シャリを作る

❹ 調色パレットに粘土（モデナペースト）と粒状ペップ（p.34）を入れて混ぜる（p.100）。

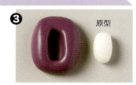

❺ ❸の型に❹を詰め、乾かす。

❻ 乾いたら型からはずす。これでシャリの完成。

マグロを作る

❼ 粘土（モデナ・0.5cm玉）をプロスアクリックス（レッド）で着色する。

❽ ❼の粘土を丸めたら、PPシートでつぶして厚さ0.2cmほどにのばす。

❾ 歯ブラシで❽の表面をトントンとたたき、質感をつける。

❿ カッターで❾の四方を切り、0.5×1.5cmほどにする。
\POINT/
端を斜めにカットする。お好みで完全な長方形にしてもよい。

⓫ カッターで4～5か所ほど斜めに筋を入れる。

マグロをのせる

⓬ ❻のシャリにつまようじで木工用ボンドをつけ、⓫をのせる。両端を軽く押さえてシャリとなじませる。

つやをつける

⓭ ⓬のマグロにつや出しニスを塗る。ニスが乾いたら完成。

---

27 寿司（サーモン） ★★☆☆☆

シャリを作る ▶ シャリにのせる

材料（1個分・縦0.5×横1.2×高さ0.5cm）
粘　土…樹脂粘土（モデナ）
　　　　0.7cm玉、0.5cm玉
　　　　樹脂粘土（モデナペースト）
　　　　適量
着色料…プロスアクリックス
　　　　（オレンジ、ホワイト）
その他…粒状ペップ（p.34）
　　　　つや出しニス

道具
・シリコーンモールドメーカー
・調色パレット
・調色スティック
・PPシート
・歯ブラシ
・カッターマット
・カッター
・面相筆
・木工用ボンド
・つまようじ

作り方

原型を作る

❶ 粘土（モデナ・0.7cm玉）を俵形にして乾かす。

型を作る

❷ ❶をシリコーンモールドメーカーで型取りする（p.29）。
\POINT/
型を作っておけば均一な形のシャリが量産できる。

❸ 乾いたら俵形の粘土をはずす。これで型の完成。
\POINT/
原型は型取りが目的。原型自体は使わない。

シャリを作る

❹ 調色パレットに粘土（モデナペースト）と粒状ペップ（p.34）を入れて混ぜる（p.100）。

❺ ❸の型に❹を詰め、乾かす。

❻ 乾いたら型からはずす。これでシャリの完成。

サーモンを作る

❼ 粘土（モデナ・0.5cm玉）をプロスアクリックス（オレンジ）で着色する。

❽ ❼の粘土を丸めたら、PPシートでつぶして厚さ0.2cmほどにする。

27 寿司（サーモン）

❾ 歯ブラシで❽の表面をトントンとたたき、質感をつける。

❿ カッターで❾の四方を切り、0.5×1.5cmほどにする。
\POINT/ 端を斜めにカットする。お好みで完全な長方形にしてもよい。

⓫ カッターで4〜5か所ほどに筋を入れる。

⓬ ⓫でつけた筋の部分にプロスアクリックス（ホワイト）で色をつける。
\POINT/ サーモンは筋を白くするのがポイント。

サーモンをのせる

⓭ ❻のシャリにつまようじで木工用ボンドをつけ、⓬をのせる。両端を軽く押さえてシャリとなじませる。

つやをつける

⓮ サーモンにつや出しニスを塗る。ニスが乾いたら完成。

★★★☆☆ 28 寿司（海老）

シャリを作る ▶ シャリにのせる

材料（1個分・縦0.5×横1.5×高さ0.5cm）
- 粘 土…樹脂粘土（モデナ）1.3cm玉、0.8cm玉、0.7cm玉 樹脂粘土（モデナペースト）適量
- 着色料…プロスアクリックス（レッド、オレンジ）
- その他…粒状ペップ（p.34）つや出しニス

道具
- シリコーンモールドメーカー
- 調色パレット
- 調色スティック
- 歯ブラシ
- はさみ
- 面相筆
- アルミホイル（パレットに使用）
- ティッシュペーパー
- 木工用ボンド
- つまようじ

作り方

原型を作る

❶ 粘土（モデナ・0.7cm玉）を俵形にして乾かす。

型を作る

❷ ❶をシリコーンモールドメーカーで型取りする（p.29）。
\POINT/ 型を作っておけば均一な形のシャリが量産できる。

❸ 乾いたら俵形の粘土をはずす。これで型の完成。
\POINT/ 原型は型取りが目的。原型自体は使わない。

シャリを作る

❹ 調色パレットに粘土（モデナペースト）と粒状ペップ（p.34）を入れて混ぜる（p.100）。

❺ ❸の型に❹を詰め、乾かす。

❻ 乾いたら型からはずす。これでシャリの完成。

海老を作る

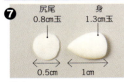
❼ 尻尾 0.8cm玉　身 1.3cm玉　0.5cm　1cm
粘土（モデナ・1.3cm玉・0.8cm玉）で写真のように海老の身と尻尾のもとになる形を作る。尻尾は身よりも薄くのばす。

❽ 調色スティックで、❼の身の中心をトントンとたたくようにして、筋をつける。

❾ 歯ブラシで❽の身の表面をトントンとたたいて質感をつける。調色スティックで横に薄く筋を入れる。

❿ 指でつまむ　はさみでカットする
❼の尻尾の上に❾の身を置く。尻尾の端を軽く指でつまんで細くし、貼りつける。尻尾のもう一方の端にはさみで切り込みを入れる。

⓫ プロスアクリックス（レッド、オレンジ）を多めの水で薄め、写真のように⓾の身と尻尾に色をつける。
\POINT/ ティッシュペーパーで筆先をおさえながら、尻尾は少し濃く塗る。

海老をのせる

⓬ 着色料が乾いたら、❻のシャリにつまようじで木工用ボンドをつけ、⓫をのせる。軽く押さえてシャリとなじませる。

つやをつける

⓭ 海老につや出しニスを塗る。ニスが乾いたら完成。

29 寿司（あなご） ★★☆☆

材料（1個分・縦0.5×横2×高さ0.5cm）
- 粘　土…樹脂粘土（モデナ）0.7cm玉、0.5cm玉 樹脂粘土（モデナペースト）適量
- 着色料…プロスアクリックス（イエローオーカー）
- ソース…【寿司の甘だれ（p.105）】トッピングの達人（キャラメルソース）
- その他…粒状ペップ（p.34）つや出しニス

道具
- シリコーンモールドメーカー
- 調色パレット
- 調色スティック
- はさみ
- 木工用ボンド
- つまようじ

作り方

原型を作る

❶ 粘土（モデナ・0.7cm玉）を俵形にして乾かす。

型を作る

❷ ❶をシリコーンモールドメーカーで型取りする（p.29）。
\POINT/ 型を作っておけば均一な形のシャリが量産できる。

❸ 乾いたら俵形の粘土をはずす。これで型の完成。
\POINT/ 原型は型取りが目的。原型自体は使わない。

シャリを作る

❹ 調色パレットに粘土（モデナペースト）と粒状ペップ（p.34）を入れて混ぜる（p.100）。

❺ ❸の型に❹を詰め、乾かす。

❻ 乾いたら型からはずす。これでシャリの完成。

あなごを作る

❼ 粘土（モデナ・0.5cm玉）をプロスアクリックス（イエローオーカー）で着色する。

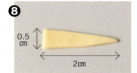

❽ ❼の粘土を手でつぶして薄くのばし、はさみで細長い三角形に切る。長さ2cm、幅0.5cmほどが目安。

❾ 調色スティックで、❽の中心をトントンとたたくようにして、筋をつける。
\POINT/ ポツポツとラフにつける。

❿ 調色スティックで、❾の表面を軽くたたくようにして細かい横筋を入れながら、ボコボコした質感を出す。

⓫ 手で⓾の側面をよせる。

あなごをのせてたれをつける

⓬ ❻のシャリにつまようじで木工用ボンドをつけ、⓫をのせる。寿司の甘だれ（p.105）をその表面に塗る。たれが乾いたら完成。

30 寿司（玉子）

材料 (1個分・縦0.5×横1.2×高さ1cm)

粘　土…樹脂粘土（モデナ）
　　　　　1cm玉、0.7cm玉
　　　　　樹脂粘土（モデナペースト）
　　　　　適量
着色料…プロスアクリックス
　　　　（イエロー、オレンジ）
その他…粒状ペップ（p.34）
　　　　つや出しニス

トッピング…のり（p.169）を幅0.2cm
　　　　　　ほどに細長く切ったもの

道具
・シリコーンモールドメーカー
・調色パレット
・調色スティック
・PPシート
・歯ブラシ
・安全ピン
・カッターマット
・カッター
・木工用ボンド
・つまようじ

作り方

原型を作る

❶ 粘土（モデナ・0.7cm玉）を俵形にして乾かす。

型を作る

❷ ❶をシリコーンモールドメーカーで型取りする（p.29）。
\POINT/
型を作っておけば均一な形のシャリが量産できる。

❸ 乾いたら俵形の粘土をはずす。これで型の完成。
\POINT/
原型は型取りが目的。原型自体は使わない。

シャリを作る

❹ 調色パレットに粘土（モデナペースト）と粒状ペップ（p.34）を入れて混ぜる（p.100）。

❺ ❸の型に❹を詰め、乾かす。

❻ 乾いたら型からはずす。これでシャリの完成。

玉子を作る

❼ 粘土（モデナ・1cm玉）をプロスアクリックス（イエロー、オレンジ）で着色する。
\POINT/
着色料は3：1で混色する。

❽ ❼の粘土を丸めたら、PPシートでつぶして厚さ0.2cmほどにする。

❾ カッターで❽の四方を切り、0.5×1.2cmほどにする。

❿ 歯ブラシで❾の表面と側面をトントンとたたき、質感をつける。

⓫ 安全ピンで❿の表面をつつき、渦のような筋をつける。
\POINT/
卵焼きを作るときにできる層を表現している。

玉子をのせる

⓬ ❻のシャリにつまようじで木工用ボンドをつけ、⓫をのせる。両端を軽く押さえてシャリとなじませる。

⓭ つまようじに木工用ボンドをとり、のり（p.169）につけ、⓬の中央に巻く。

つやをつける

⓮ ⓭の玉子とのりにつや出しニスを塗る。ニスが乾いたら完成。

31 寿司（いくら軍艦）

 シャリを作る
 のりを巻く
 いくらをのせる

材料（1個分・縦0.5×横1×高さ0.8cm）

- 粘　土…樹脂粘土（モデナ）0.7cm玉
- UVレジン…星の雫
- 着色料…宝石の雫
　　　　（オレンジ、レッド）
- その他…つや出しニス
- トッピング…キュウリ（p.157）
　　　　　　　のり（p.169）

道具

- はさみ
- 木工用ボンド
- 調色パレット
- 調色スティック
- クリアファイルを小さく切ったもの
- つまようじ
- UVライト
- ピンセット

作り方

シャリを作る

❶ 粘土を俵形にする。

のりを巻く

❷ ❶の側面にのり（p.169）を巻く。

\POINT/ のりのサイズははさみで切って調整する。のりが乾いていたら木工用ボンドで貼る。

いくらを作る

❸ UVレジンに宝石の雫（オレンジ）を加えて着色する。

❹ ❸をクリアファイルの上に1粒ずつたらす。

❺ 宝石の雫（レッド）をつまようじにとり、❹の中央にのせる。

\POINT/ 中心部分を赤くすることで本物らしさが増す。

❻ UVライトを照射する（2〜3分）。硬化したらクリアファイルからはがす。

キュウリをのせる

❼ ❷のシャリ部分の表面にUVレジンを薄く流し、ピンセットでキュウリ（p.157）をのせる。UVライトを照射する（2〜3分）。

いくらをのせる

❽ ❼のシャリ部分にUVレジンを薄く流し、ピンセットで❻のいくらを少量のせ、UVライトを照射する（2〜3分）。これを2〜3回ほど繰り返し、いくらをこんもり盛る。

つやをつける

❾ ❽ののりとキュウリにつや出しニスを塗る。ニスが乾いたら完成。

Coordinate 盛りつけ例

「寿司下駄」と呼ばれる木製の台に6貫並べて盛りつけ。端には花びら形に巻いたガリをのせます。

ミニチュアの寿司下駄
木片（厚さ0.5cm）を寿司のサイズに合わせて長方形に切り、下に細長く切った木片を2本、木工用ボンドで貼りつけて作る

ガリ（p.169）をのせる

Food 32
作り方 p.139

餃子

皮から少し透けて見える具材もきちんと作って、指先で包んで仕上げます。焼きたてのジューシー感はニスを塗って表現しましょう。

原寸大

Food 33
作り方 p.139

シュウマイ

餃子同様、指先でひき肉を小さな皮で包んで作ります。皮の先は少し外側に広がるように調整すると本物らしさがアップします。

原寸大

Food 34
作り方 p.140

ラーメン

具材にチャーシュー、メンマ、ゆで卵、のり、刻みネギをのせて。スープは茶系で王道のしょうゆラーメンに。少し具材が沈むように調整しましょう。

原寸大

Food 35
作り方 p.141

チャーハン

つやは抑えめにして、パラパラ感を出しました。仕上げは半球の型に詰めて、ドーム形に盛りつけて。

原寸大

32 餃子 ★★★☆☆

 タネと皮を作る
 タネを皮で包む
 焼き色・つやをつける

材料（1個分・縦0.5×横1.2×厚さ0.5cm）
- 粘　土…樹脂粘土（モデナ）0.5cm玉
  軽量樹脂粘土（マーメイドパフィー[ビスケット]）0.4cm玉
- 着色料…プロスアクリックス（ブラック、バーントアンバー）
  焼き色の達人（茶）
- その他…つや出しニス

- トッピング…刻みネギ（p.162）

道具
- 7本針
- PPシート
- 平筆
- アルミホイル（パレットに使用）

作り方

タネを作る

❶
粘土（マーメイドパフィー）をプロスアクリックス（ブラック）で着色する。

❷
❶に刻みネギ（p.162）を混ぜて丸める。7本針で表面をたたき、質感をつける。
\POINT/
刻みネギが皮から見えるようにする。

皮を作る

❸
粘土（モデナ）を丸めたら、PPシートでつぶして薄くのばす。

タネを皮で包む

❹
❸に❷をのせ、包む。

❺
本物の餃子を作る要領で、端を折り込んでひだを作る。

焼き色をつける

❻
焼き色の達人（茶）で底面のみに焼き色をつける。

❼
プロスアクリックス（バーントアンバー）を筆にとり、トントンとたたくようにして❻に重ねて塗る。
\POINT/
筆は水であまり濡らさず、焼き色にムラを作る。

つやをつける

❽
つや出しニスを塗る。ニスが乾いたら完成。

Coordinate 盛りつけ例
焼き目を上にして、一列に並べて盛りつけ。中華料理店っぽい赤の模様が入った市販のミニチュアの器でリアリティアップ。
市販のミニチュアの器（縦2×横3cm）

---

33 シュウマイ ★★★☆☆

タネと皮を作る
包む・トッピングする

材料（1個分・直径0.5×高さ0.5cm）
- 粘　土…樹脂粘土（モデナ）0.5cm玉
  軽量樹脂粘土（マーメイドパフィー[ビスケット]）0.4cm玉
- 着色料…プロスアクリックス（ブラック）
- その他…つや出しニス

- トッピング…グリーンピース（p.161）

道具
- 7本針
- PPシート
- はさみ
- 調色スティック
- 木工用ボンド
- つまようじ

作り方

タネを作る

❶
粘土（マーメイドパフィー）をプロスアクリックス（ブラック）で着色する。

❷
❶の粘土を丸めたら、7本針で表面をトントンとたたき、質感をつける。

皮を作る

❸
粘土（モデナ）を丸めたら、PPシートでつぶして薄くのばす。

139

33 シュウマイ

④

❸をはさみで1cm角に切る。

タネを皮で包む

⑤

❹に❷をのせて包む。皮の頂点はとがらせるために指先でキュッとつまんで整える。

⑥

❺の皮の端を調色スティックで軽く開く。タネの表面を軽く押さえて平らにしておく。

⑦

❻の側面に調色スティックを押しあてて、表面をでこぼこさせる。

グリーンピースをのせる

⑧

❼のタネの中央につまようじで木工用ボンドをつけてグリーンピース(p.161)をのせる。

つやをつける

⑨

全体につや出しニスを塗る。ニスが乾いたら完成。

Coordinate 盛りつけ例
市販のミニチュアの器
(縦2.5×横3cm)

シュウマイをたくさん並べて盛りつけたら、お皿の端に和がらしを添えて。

和がらし
樹脂系ペースト粘土(モデナペースト)をプロスアクリックス(イエローオーカー、イエロー)を2:1で混色し、着色する。

---

34 ラーメン ★★★★★

麺を作る ≫ スープを入れる ≫ 具をのせる

材料 (1個分・直径3×高さ1.5cm)

- **粘 土**…樹脂粘土(モデナ)2.4cm玉
- **着色料**…プロスアクリックス(イエロー)
- **ソース**…【ラーメンのスープ(p.105)】
   UVレジン(星の雫)
   +宝石の雫(ブラウン、オレンジ)
- **その他**…市販のミニチュア食器
   (直径3×高さ1.3cm)
- **トッピング**…ゆで卵(p.173)
   のり(p.169)
   メンマ(p.168)
   チャーシュー(p.167)
   刻みネギ(p.162)

道具
・モンブランメーカー(p.32)
・調色パレット
・調色スティック
・ピンセット
・UVライト

作り方

麺を作る

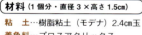

❶

粘土をプロスアクリックス(イエロー)で着色する。

❷

❶の粘土をモンブランメーカーに詰めてしぼり出し、麺を作る(p.103)。

❸

麺をほぐし、ばらす。

❹

器に❸の麺を入れる。

スープを作る

❺

ラーメンのスープ(p.105)を作る。

スープを入れる

❻

❺を❹の器の7〜8分目まで流し込む。

具をのせる

❼ ピンセットでゆで卵（p.173）、のり（p.169）、メンマ（p.168）、チャーシュー（p.167）を盛りつけ、UVライトを照射する（2〜3分）。

❽ ❺を❼の器に薄く流し、刻みネギ（p.162）をのせる。UVライトを照射する（2〜3分）。
\POINT/
具材がスープに少し沈むようにするため。

35 チャーハン ★★★★☆

| 米を盛る | 具をのせる | 焼き色をつける |

材料（1個分・直径1.5×高さ1cm）
粘　土…樹脂粘土（モデナ）0.5cm玉
　　　樹脂系ペースト粘土
　　　（モデナペースト）適量
着色料…プロスアクリックス
　　　（イエロー、オレンジ、ホワイト）
　　　焼き色の達人（茶）
その他…粒状ペップ
　　　市販のミニチュアの器
　　　（幅3cm）
トッピング…ハム（p.166）
　　　刻みネギ（p.162）

道具
・ピンセット
・調色パレット
・調色スティック
・型（ここではカラースケール）
・木工用ボンド
・アルミホイル

作り方

パラパラ卵を作る

❶ 粘土（モデナ）をプロスアクリックス（イエロー、オレンジ、ホワイト）で着色する。
\POINT/
着色料は2：1：1で混色する。

❷ ❶の粘土を丸めたら、指でつぶして薄くのばす。ピンセットでかき出すようにして細かくちぎる。

米を作る

❸ 粘土（モデナペースト）をプロスアクリックス（イエロー）で着色する。
\POINT/
着色料は色味をみながら少しずつ入れる。

❹ ❸に粒状ペップを入れ、まとまりが出るまで混ぜる。

❺ ❹を型に詰める。
\POINT/
きれいなドーム形にするのに半球の型を使うとよい。

❻ 表面が乾いたら型から取り出し、器にのせる。調色スティックで軽くほぐし、チャーハンのパラパラ感を出す。

具をのせる

❼ ハム（p.166）、刻みネギ（p.162）、卵（❷）をピンセットでつまみ、アルミホイルなどに出しておいた木工用ボンドにつけ、❻の米のすき間に埋め込む。
\POINT/
具を埋め込む場所をピンセットでつつき、あらかじめ軽く凹ませておくとよい。

焼き色をつける

❽ 木工用ボンドが乾いたら、焼き色の達人（茶）で表面に焼き色をつければ完成。

Food 36-38

コーンスープ フライドポテト ハンバーガー

作り方 p.143-144

コーンスープは色味の再現がポイント。ハンバーガーの具材は見えないところもきちんと作って。ポテトは1本1本形が微妙に異なる方が本物らしくなります。

原寸大

Food 39 ピザ

カットした生地からのびるチーズがポイント。生地はふちを少し高くして、中央にまんべんなく具材をトッピングしましょう。

作り方 p.145

原寸大

Food 40 たこ焼き

生地の表面の質感がリアル。ソースをかけたら青のりとかつおぶしをトッピングして仕上げましょう。

作り方 p.146

原寸大

36 コーンスープ ★★☆☆☆

カップを用意する  スープを入れる  具を入れる

材料（1個分・直径1.5×高さ1.2cm）
- UVレジン…星の雫
- 着色料…宝石の雫
  （イエロー、ホワイト）
- その他…市販のミニチュアの器
  （直径1.5×高さ1cm）
- トッピング…クルトン（p.174）
  パセリ（p.175）

道具
- 調色パレット
- 調色スティック
- UVライト

作り方

スープを作る

❶ UVレジンに宝石の雫（イエロー、ホワイト）を加えて着色する。
\POINT/ 着色料は3：1で混色する。

❷ ❶をカップに3分目くらいまで流し込み、UVライトを照射する（3～4分）。

❸ ❷を3回ほど繰り返し、カップ1杯分入った状態にする。

具を入れる

❹ ❶を❸に薄く流す。

❺ クルトン（p.174）、パセリ（p.175）を❹の中央にのせ、UVライトを照射する（3～4分）。
\POINT/ 位置は調色スティックで調整する。

---

37 フライドポテト ★★☆☆☆

成形する  焼き色をつける

材料（10本分・長さ1.4×幅0.2×厚さ0.1cm）
- 粘土…樹脂粘土（モデナ）1cm玉
- 着色料…ブロスアクリックス
  （イエローオーカー、イエロー）
  焼き色の達人（茶）

道具
- PPシート
- 歯ブラシ
- カッターマット
- カッター

作り方

質感をつける

❶ 粘土をブロスアクリックス（イエローオーカー、イエロー）で着色する。
\POINT/ 着色料は1：1で混色する。

❷ ❶の粘土を丸めたら、PPシートでつぶしてのばす。

❸ ❷を歯ブラシで表面をトントンとたたき、質感をつける。

スティック状に成形する

❹ ❸をカッターで細く切る。

❺ ❹の長さを同じくらいに切りそろえる。
\POINT/ 完全に同じ長さにしないで、ふぞろいにする。

質感をつける

❻ ❺の表面を歯ブラシでトントンとたたき、質感をつける。
\POINT/ まっすぐなものや曲がったものなど形に変化をつける。

焼き色をつける

❼ 焼き色の達人（茶）で表面に焼き色をつける。

Coordinate 盛りつけ例

オリジナルの容器を作ってポテトを詰めても。本物らしさがアップします。

38 ハンバーガー ★★★★☆

バンズを作る  → 具をはさむ

材料（1個分・直径1.4×高さ1.5cm）

粘　土…樹脂粘土（モデナソフト）
　　　　1cm玉
　　　　軽量樹脂粘土（マーメイド
　　　　パフィー[ビスケット]）0.8cm玉
着色料…プロスアクリックス
　　　　（イエローオーカー、ブラック、
　　　　バーントアンバー）
　　　　焼き色の達人（茶、こげ茶）
その他…つや出しニス
　　　　けしの実
トッピング…スライスチーズ（p.175）
　　　　　　レタス（p.156）
　　　　　　スライストマト（p.158）

道具
・歯ブラシ
・スポンジ
・アルミホイル（パレットに使用）
・ティッシュペーパー
・カッターマット
・カッター
・木工用ボンド
・つまようじ

作り方

バンズを作る

❶
粘土（モデナソフト）をプロスアクリックス（イエローオーカー）で着色する。

❷
❶の粘土を手で軽く押さえて底面を平らにし、バンズの形にする。

❸
❷に、焼き色の達人（茶）、（こげ茶）の順で焼き色をつける。

❹
❸をカッターで2等分する。土台側は薄めに、上側は厚めにする。

❺
❹の上側のバンズの表面につや出しニスを塗る。

❻
❺の表面につまようじで木工用ボンドを塗り、けしの実を貼る。

パテを作る

❼
粘土（マーメイドパフィー）をプロスアクリックス（ブラック）で着色する。

❽
❼の粘土を丸めたら、指でつぶしてパテの形にする。

❾
❽の表面を歯ブラシでトントンとたたき、質感をつける。

❿
着色料をつけすぎたらティッシュペーパーで押さえる
プロスアクリックス（バーントアンバー）をスポンジにとり、❾の表面をトントンとたたくようにして焼き色をつける。

⓫
❿の絵の具が乾いたら、表面につや出しニスを塗る。

チーズをのせる

⓬
木工用ボンドでスライスチーズ（p.175）を⓫に貼る。
\POINT/ スライスチーズはとろける感じを出すために作りたてを貼る。

⓭
⓬のスライスチーズが乾いたら、表面につや出しニスを塗る。

具をはさむ

⓮
❻の土台側のバンズにつまようじで木工用ボンドを塗り、レタス（p.156）を貼る。

⓯
レタスの上に⓭を木工用ボンドで貼り、その上にスライストマト（p.158）を貼る。

⓰
❻の上側のバンズに木工用ボンドを塗り、⓯にのせて完成。

Coordinate 盛りつけ例

フライドポテト（p.143）を添える

フライドポテト（p.143）と一緒にミニチュアの器に盛りつけ。包み紙を手作りして巻いてもおしゃれです。

市販のミニチュアの器（直径3.7cm）

39 ピザ ★★★★★

成形し、質感をつける → 焼き色をつける → 具とチーズをのせる

材料（1個分・直径3×厚さ0.5cm）

- 粘　土…樹脂粘土（モデナ）1.5cm玉
- 着色料…プロスアクリックス（イエローオーカー）焼き色の達人（茶、こげ茶）
- ソース…【トマトソース（p.105）】スーパーX＋プロスアクリックス（オレンジ、レッド、バーントアンバー）【ピザのチーズ（p.105）】アイシングの達人（イエローシュガーコート）（p.26）
- その他…ワイヤー（直径0.1cm・シルバーを1cmほどに切ったもの）つや出しニス
- トッピング…サラミ（p.167）／ピーマン（p.161）／コーン（p.163）

道具

- PPシート
- 7本針
- オーブントースター
- カッターマット
- カッター
- つまようじ
- ピンセット

作り方

ピザ生地を成形する

❶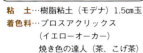
粘土をプロスアクリックス（イエローオーカー）で着色する。

❷
❶の粘土をPPシートでつぶして厚さ0.2〜0.3cmほどにする。

❸
❷の粘土を、ふちは残して表面を指で押し、くぼませる。

質感を出す

❹
❸のふちを7本針でトントンとたたき、質感をつける。

焼き色をつける

❺
❹をオーブントースター（800W）で1分半ほど焼く。焼き色の達人（茶）でふちに焼き色をつける。
\POINT/ 表面がふくらんできたら取り出す。

❻
焼き色の達人（こげ茶）で❺のふちに焼き色を重ねる。
\POINT/ まだらに塗る。

生地をカットする

❼
❻をカッターで1ピース分を切り分ける。

トマトソースを塗る

❽
トマトソース（p.105）を作る。つまようじで❼の生地に塗る。
\POINT/ ふちには塗らない。

❾
❽のソースの上にピザのチーズ（p.105）を重ねて塗る。

具をのせる

❿
❾のソースの上にピンセットで、サラミ（p.167）、ピーマン（p.161）、コーン（p.163）をのせる。

チーズソースを加える

⓫
❿にピザのチーズ（p.105）をかける。
\POINT/ 具が見えなくならないように、まだらにかける。

⓬
ピンセットで、⓫のピースと本体に橋をかけるようにしてワイヤーをのせる。軽く押さえて接着させ、乾かす。

⓭
ピザのチーズ（p.105）を⓬のワイヤーの上にかける。全体にもまだらにかけてなじませる。
\POINT/ チーズがのびている感じを出す。

つやをつける

⓮
ソースが乾いたら、⓭の具の表面につや出しニスを塗って完成。
\POINT/ ふちは塗らない。

4 フード Food ― ハンバーガー／ピザ／たこ焼き

40 たこ焼き ★★★☆☆

成形し、質感をつける → 焼き色をつける → トッピングする

材料（1個分・直径0.8×高さ0.5cm）

- 粘　土…樹脂粘土（モデナ）0.6cm玉
- 着色料…プロスアクリックス
  　　　　（イエローオーカー）
  　　　　焼き色の達人（茶、こげ茶）
- ソース…【たこ焼きのソース（p.105）】
  　　　　UVレジン（星の雫）
  　　　　＋宝石の雫（ブラウン、レッド、
  　　　　オレンジ、イエロー）
- その他…つや出しニス
- トッピング…紅ショウガ（p.168）を
  　　　　　　細かく刻んだもの
  　　　　　　青のり（p.175）
  　　　　　　かつおぶし（p.175）

道具

- ・歯ブラシ
- ・つまようじ
- ・木工用ボンド
- ・洗濯ばさみ
- ・調色パレット
- ・調色スティック
- ・ピンセット
- ・UVライト

作り方

成形し、質感をつける

❶
粘土をプロスアクリックス（イエローオーカー）で着色する。

❷
❶の粘土の表面を歯ブラシでトントンとたたき、質感をつけながら、底面を平らにする。

❸
つまようじに紅ショウガ（p.168）をとり、❷に埋め込む。
\POINT/ 粘土が乾いていたら木工用ボンドで貼る。

❹
❸をつまようじに刺し、乾かす。

焼き色をつける

❺
❹の粘土をつまようじからはずし、焼き色の達人（茶）で表面に焼き色をつける。

❻
焼き色の達人（こげ茶）で色を重ねる。

ソースを作る

❼
たこ焼きのソース（p.105）を作る。

ソースを塗る

❽
調色スティックで❻の上側に❼を塗る。UVライトを照射する（2〜3分）。

トッピングする

❾
❼をさらに薄く塗り、つまようじで青のり（p.175）をのせる。

❿
❾につまようじやピンセットでかつおぶし（p.175）をのせる。UVライトを照射する（2〜3分）。

つやをつける

⓫
❿のソースのかかっていない部分につや出しニスを塗る。ニスが乾いたら完成。
\POINT/ たこ焼きをつまようじに再び刺して塗ると塗りやすい。

Coordinate 盛りつけ例
本物の舟皿を真似して、ミニチュアの舟皿を手作りしても◎。1個だけ竹串を細かくさいて作ったつまようじをつけて。

ミニチュアの手作り舟皿（縦1.2×横3cm）
つまようじ（作り方はp.93「串の作り方」参照）

巻末レシピ

パーツ集

パンやスイーツ、ドリンク、フードにトッピングするための、フルーツ、スイーツ、フードなどのパーツ集。各モチーフ名の上の写真は原寸大です。たくさん作ってストックしておけば、スイーツへのトッピングやプレート料理のつけあわせなど、デコレーションの幅が広がります。

フルーツパーツ　　p.148〜153
スイーツパーツ　　p.154〜155
フードパーツ　　　p.156〜173
トッピングパーツ　p.174〜175

フルーツパーツ / Fruits Parts

いちご

材料（1個分・縦0.6×横0.5×厚さ0.5cm）

粘　土…樹脂粘土（モデナ）0.4cm玉
着色料…タミヤデコレーションカラー
　　　　（いちごシロップ）

道具

つまようじ、安全ピン、ティッシュペーパー

❶

粘土をいちごの形にして、ヘタ側につまようじをさす。

❷

❶の表面に安全ピンでつぶつぶ模様をつける。
\POINT/
乾くと模様がつけづらくなるので、粘土がやわらかいうちに行う。

❸

模様をつけたところ。

❹

タミヤデコレーションカラー（いちごシロップ）につける。
\POINT/
ヘタ側を少し白く残すと、よりリアルないちごになる。

❺

着色料が乾かないうちにティッシュペーパーでヘタ側を一周ふきとる。
\POINT/ つけすぎず透明感が残るくらいに着色する。

❻

着色料が乾いたら、つまようじを抜いて完成。

スライスいちご

材料（10個分・縦0.5×横0.5×厚さ0.1cm）

粘　土…樹脂粘土（モデナ）1cm玉
着色料…プロスアクリックス
　　　　（レッド、ホワイト）

道具

PPシート、つまようじ、アルミホイル（パレットに使用）、ティッシュペーパー、カッターマット、カッター、面相筆

❶

PPシートで粘土をコロコロと転がし、直径0.5cmほどの棒状にする。

❷

断面が三角形になるように指で形を整える。

❸

❷の三角形の側面の2面に、つまようじでつぶつぶ模様をつける。

❹

❸で模様をつけた面に、プロスアクリックス（レッド）を塗り、乾かす。

❺

❹をカッターで厚さ0.1cmほどにスライスする。

❻

プロスアクリックス（レッド）を多めの水で薄め、❺の断面のふちにつける。

❼

プロスアクリックス（ホワイト）を多めの水で薄め、❻の断面に白い筋を描く。着色料が乾いたら完成。

半分いちご

材料（2個分・縦0.6×横0.5×厚さ0.25cm）
粘 土…樹脂粘土（モデナ）0.4cm玉
着色料…プロスアクリックス
　　　　（レッド、ホワイト）

道具
カッターマット、カッター、面相筆、アルミホイル（パレットに使用）、ティッシュペーパー

❶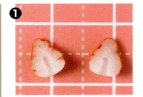
いちご（p.148）を作り、カッターで縦に半分に切る。
\POINT/
ヘタ側を下に置くと切りやすい。

❷
プロスアクリックス（レッド）を多めの水で薄め、❶の断面のふちに塗る。

❸
プロスアクリックス（ホワイト）を多めの水で薄め、❷の断面に白い筋を描く。着色料が乾いたら完成。

バナナ

材料（約10個分・直径0.4×厚さ0.1cm）
粘 土…樹脂粘土（モデナ）1cm玉
着色料…プロスアクリックス
　　　　（イエロー、イエローオーカー、バーントアンバー）
　　　　タミヤデコレーションカラー
　　　　（レモンシロップ）
その他…つや出しニス

道具
PPシート、カッターマット、カッター、面相筆、アルミホイル（パレットに使用）、ティッシュペーパー

❶
粘土をプロスアクリックス（イエロー）で着色する。

❷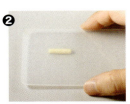
❶の粘土をPPシートでコロコロと転がして直径0.4cmほどの棒状にする。

❸
❷の側面にカッターで縦に4～5か所ほど筋を入れる。

❹
❸の側面にカッターで横に細かく筋を入れる。

❺
カッターで幅0.1cmほどにスライスする。

❻
タミヤデコレーションカラー（レモンシロップ）を筆にとり、断面の中心に＊印を描く。

❼
プロスアクリックス（イエローオーカー、バーントアンバー）を混ぜ、❻の中心に＊印を描く。
\POINT/
着色料は2：1で混色する。

❽
プロスアクリックス（バーントアンバー）を筆にとり、❼の中心に種を描く。

❾
着色料が乾いたらつや出しニスを塗る。ニスが乾いたら完成。

キウイ

材料（約10個分・縦0.6×横0.5×厚さ0.1cm）	道具
粘　土…樹脂粘土（モデナ）1cm玉 着色料…タミヤデコレーションカラー（メロンシロップ、レモンシロップ、みかん） 　　　　プロスアクリックス（ブラック） その他…つや出しニス	PPシート、カッターマット、カッター、面相筆、アルミホイル（パレットに使用）、ティッシュペーパー、つまようじ

❶ PPシートで粘土を転がして直径0.6cmほどの棒状にし、軽くつぶして断面を楕円にする。

❷ カッターマットの上に置き、カッターで厚さ0.1cmほどにスライスする。

❸ タミヤデコレーションカラー（メロンシロップ、レモンシロップ）を混ぜ、❷の断面の中心部分を残して筆で塗る。
\POINT/ 着色料は2:1で混色する。

❹ タミヤデコレーションカラー（メロンシロップ、みかん）を混ぜ、❸で白く残した部分を囲むように筆で塗る。
\POINT/ 着色料は2:1で混色する。

❺ プロスアクリックス（ブラック）をつまようじにとり、❹で塗った部分に筆で種を描く。

❻ プロスアクリックス（ホワイト）で❸で塗った部分に放射状に筆で筋を描く。絵の具が乾いたらつや出しニスを塗る。ニスが乾いたら完成。

オレンジ

材料（約8個分・縦0.4×横1×厚さ0.2cm）
粘　土…透明粘土 1cm玉※ ※着色しやすいように少し多めの分量を用意する。 着色料…プロスアクリックス（オレンジ） その他…粘土に付属の硬化剤
道具
つまようじ、カッターマット、カッター

❶ 粘土をプロスアクリックス（オレンジ）で着色する。

❷ 付属の硬化材をつまようじにとり、粘土の説明書に従って❶に練り込む。

❸ ❷の粘土を0.4cm玉ほどとり、指でオレンジの実の形に整える。

❹ ❸の表面全体にカッターで細かい筋を入れ、つぶつぶの質感を出す。
\POINT/ 細かく×印を入れていくイメージ。やわらかいので手で形を整えながら行う。

❺ 乾いたら完成。

スライスオレンジ

材料（1個分・直径1×厚さ0.1cm）
粘　土…樹脂粘土（モデナ）0.5cm玉
UVレジン…星の雫
着色料…プロスアクリックス（イエロー、ホワイト、オレンジ）
宝石の雫（イエロー）

道具
PPシート、調色スティック、ピンセット、面相筆、アルミホイル（パレットに使用）、ティッシュペーパー、調色パレット、UVライト

❶
粘土を丸め、PPシートでつぶして薄くのばす。直径1cmほどが目安。

❷
調色スティックで❶の粘土のオレンジの果肉になる部分をくぼませる。果肉と果肉の間をピンセットでつまみ、整える。

❸
断面の形ができたところ。

❹
プロスアクリックス（イエロー、ホワイト）を混ぜ、❸のふち（オレンジの薄皮の部分）に筆で塗る。

❺
プロスアクリックス（オレンジ）を❹の側面（オレンジの皮）に筆で塗る。

❻
UVレジンを宝石の雫（イエロー）で着色し、❷でくぼませた果肉部分に流し込む。

❼
UVライトを照射する（2〜3分）。硬化したら完成。

りんご

材料（約8個分・縦1×横0.3×厚さ0.3cm）
粘　土…樹脂粘土（モデナ）1cm玉
着色料…プロスアクリックス（イエロー、レッド）

道具
つまようじ、面相筆、アルミホイル（パレットに使用）、ティッシュペーパー、カッターマット、カッター

❶
粘土をプロスアクリックス（イエロー）で着色する。

❷
丸めてつまようじに刺す。

❸
❷の表面にプロスアクリックス（レッド）を筆で塗る。

❹
❸の着色料が乾いたらカッターマットの上に置き、カッターで半分に切る。

❺
❹を使いたい形に切れば完成。

黄桃

材料（約8個分・縦1.1×横0.4×厚さ0.2cm）
- 粘　土…樹脂粘土(モデナ)1cm玉
- 着色料…プロスアクリックス
  （オレンジ、イエロー）
- その他…つや出しニス

道具
つまようじ、カッターマット、カッター、両面テープ

❶
粘土をプロスアクリックス（オレンジ、イエロー）で着色し、丸めてつまようじに刺す。
\POINT/ 着色料は1:2で混色する。

❷
❷をカッターで使いたい大きさに切る。

❸
❷の表面全体につや出しニスを塗る。ニスが乾いたら完成。
\POINT/ 両面テープの上に置くと安定して塗りやすい。

チェリー

材料（1個分・直径0.4×長さ1.2cm）
- 粘　土…樹脂粘土(モデナ)0.4cm玉
- 着色料…タミヤデコレーションカラー
  （いちごシロップ、抹茶）
- その他…紙巻ワイヤー(#26・グリーン)を1cm長さに切ったもの
  木工用ボンド

道具
つまようじ、クリアファイルを小さく切ったもの、木工用ボンド、ピンセット

❶
粘土を丸め、つまようじに刺す。

❷
❶の粘土の中央にクリアファイルで中央に筋を入れる。

❸
❷をタミヤデコレーションカラー（いちごシロップ）につけ、乾かす。乾いたらつまようじを抜く。

❹
木工用ボンドとタミヤデコレーションカラー（抹茶）を混ぜたものを紙巻ワイヤーの先につける。

❺
❹とは逆側の先に木工用ボンドをつけ、❸のつまようじを抜いた部分にさし込み、接着する。

❻
木工用ボンドが乾いたら完成。

Arrange アレンジ

アメリカンチェリー／缶詰チェリー
アメリカンチェリーは粘土をカラー粘土の達人（いちご、ブルーベリー）で着色したあと、チェリーと同様に作ります。缶詰チェリーは❹で使う糸巻ワイヤー（茎）をタミヤデコレーションカラー（いちご）で塗って作ります。

アメリカンチェリー
…粘土をカラー粘土の達人（いちご、ブルーベリー）を4:1で混色し、着色したあと、チェリーと同様に、タミヤデコレーションカラー（いちごシロップ）を重ねて着色

缶詰チェリー
…茎をタミヤデコレーションカラー（いちごシロップ）で塗る

ラズベリー

材料（適量・直径 0.3cm）

粘　土…樹脂粘土（モデナ）適量※
※シリンジに詰まらない程度の分量を用意する。
着色料…タミヤデコレーションカラー
　　　　（いちごシロップ）

道具

シリンジ、調色パレット、デザインナイフ、木工用ボンド、つまようじ、面相筆、ティッシュペーパー

❶ シリンジに粘土を詰める。少しずつ粘土を出しながらデザインナイフで切り、直径 0.1cmほどの粒を作る。

❷ ❶の粒を指先で軽く丸めて整える。

❸ つまようじにボンドをつけ、❷で丸めた粒をつけていく。指で形を整えながら行う。

❹ 整えたところ。

❺ タミヤデコレーションカラー（いちごシロップ）を筆にとり、❹の表面全体に塗る。

❻ 着色料が乾いたら、つまようじを抜いて完成。

ブルーベリー

材料（約 20 個分・直径 0.2cm）

粘　土…樹脂粘土（モデナ）1cm
着色料…カラー粘土の達人
　　　　（ブルーベリー）
その他…トッピングの達人
　　　　（粉砂糖）

道具

安全ピン

❶ 粘土をカラー粘土の達人（ブルーベリー）で着色する。

❷ ❶の粘土を 0.2cm玉ほどにちぎり、丸める。

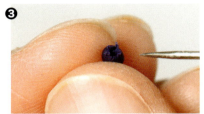

❸ ❷の中央を安全ピンで粘土をかき出し、星形のくぼみを作る。

❹ トッピングの達人（粉砂糖）を指にとり、❸の表面につけて完成。

スイーツパーツ / Sweets Parts

チョコスティック

材料（1個分・直径0.2×長さ1cm）
粘　土…樹脂粘土（モデナ）0.5cm玉
着色料…カラー粘土の達人
　　　　（チョコレート）

❶
粘土をカラー粘土の達人（チョコレート）で着色する。

❷
❶の粘土を丸めたら指でつぶして薄くのばす。

❸
❷を指でくるくると巻いていく。

❹
乾いたら完成。

コーン

材料（1個分・上部の直径1×長さ2cm）
粘　土…樹脂粘土（モデナ）1cm玉
着色料…プロスアクリックス
　　　　（イエローオーカー、バーントアンバー）

道具
シリコーンモールドメーカー、ビニール手袋、網じゃくし、PPシート

❶
シリコーンモールドメーカーの2材を混ぜ合わせ、丸くする（p.29）。
\POINT/
ビニール手袋をつけて行う。

❷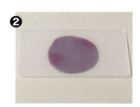
❶をPPシートでつぶして薄くのばす。

❸
❷に網じゃくしを押しあてて、模様をつける。

❹
乾いたらコーン生地の型が完成。

❺
粘土をプロスアクリックス（イエローオーカー、バーントアンバー）で着色する。
\POINT/
色味はお好みで調整する。

❻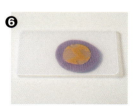
❹の型の上に❺の粘土を置き、PPシートでつぶして薄くのばす。直径0.2cmほどが目安。
\POINT/
できるだけ薄くのばすと良い。

❼ 型からはずす。

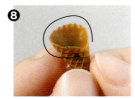
❽ ❼を丸めて円錐形にする。

❾ 乾いたら完成。

ウエハース

材料（約2個分・縦0.2×横1×高さ0.3cm）	道具
粘　土…樹脂粘土（モデナソフト）1cm玉 着色料…プロスアクリックス（イエローオーカー、ホワイト） その他…木工用ボンド	シリコーンモールドメーカー、ビニール手袋、PPシート、網じゃくし、カッターマット、カッター、つまようじ

❶ シリコーンモールドメーカーの2材を混ぜ合わせ、丸くする（p.29）。
\POINT/
ビニール手袋をつけて行う。

❷ ❶をPPシートでつぶして薄くのばす。

❸ ❷に網じゃくしを押しあてて、模様をつける。

❹ 乾いたらウエハース生地の型が完成。

❺ 粘土をプロスアクリックス（イエローオーカー）で着色する。

❻ ❹の型の上に❺の粘土を置き、PPシートでつぶして薄くのばす。厚さ0.1cmほどが目安。

❼ カッターで細長い長方形に切る。1×0.2cmほどが目安。計2個作る。

❽ 木工用ボンドとプロスアクリックス（ホワイト）を混ぜ、つまようじで❼1個の生地の内側に塗る。

❾ ❼のもう1個の生地ではさむ。木工用ボンドが乾いたら完成。

155

フードパーツ / Food Parts

レタス

材料（約2枚分・縦1.5×横1.5cm）
粘　土…樹脂粘土（モデナ）1cm玉、0.7cm玉
着色料…プロスアクリックス（イエローグリーン、イエローオーカー、ミドルグリーン）

道具
アルミホイル、ピンセット

❶

粘土（1cm玉）をプロスアクリックス（イエローグリーン、イエローオーカー、ミドルグリーン）で着色する。

\POINT/
着色料は2：1：1で混色する。

❷

❶の粘土と粘土（0.7cm玉）をマーブル状にしながら薄くのばす。

\POINT/
無着色粘土が多い部分を作ると、レタスの芯付近の感じが出る。

❸

❷を使いたい大きさにちぎる。手でつぶして薄くのばす。

\POINT/
できるだけ薄くするとレタスらしくなる。

❹

くしゃくしゃにしたアルミホイルで❸の表面をポンポンとたたき、葉の質感を出す。

❺

ピンセットで❹のふちをかき出すようにして、葉先のちぢれた感じを出す。

❻

ピンセットを使い、❺の表面全体をうねらせ、ふちを少し立たせる。乾いたら完成。

千切りキャベツ

材料（適量・幅0.05×長さ0.7cm）
粘　土…樹脂粘土（モデナ）1cm玉、0.7cm玉
着色料…プロスアクリックス（イエローグリーン）

道具
はさみ

❶

粘土（1cm玉）をプロスアクリックス（イエローグリーン）で着色する。

❷

❶の粘土と粘土（0.7cm玉）を混ぜてマーブル状にしながら薄くのばす。表面を指で波形にする。数時間ほど乾かす。

❸

❷をはさみで半分に切る。

❹

❸をはさみで細かく切って完成。

\POINT/
できるだけ細く切ると千切りキャベツらしくなる。

キュウリ

材料（約10枚分・縦0.7×横0.3×厚さ0.1cm）

粘　土…樹脂粘土（モデナ）1cm玉

着色料…プロスアクリックス
　　　　（イエローグリーン）
　　　　タミヤデコレーションカラー（抹茶）

道具

PPシート、平筆、アルミホイル（パレットに使用）、ティッシュペーパー、カッターマット、カッター

❶
粘土をプロスアクリックス（イエローグリーン）で着色する。

❷
PPシートでコロコロと転がして直径0.4cmほどの棒状にする。

❸
タミヤデコレーションカラー（抹茶）を筆にとり、❷の表面に塗る。
＼POINT／ 筆をティッシュペーパーで押さえながらラフに塗る。少し塗りムラがあるほうがキュウリらしくなる。

❹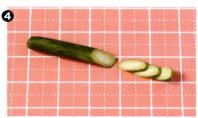
着色料が乾いたら、カッターで斜めにスライスして完成。

プチトマト

材料（1個分・直径0.5cm）

粘　土…樹脂粘土（モデナ）0.5cm玉
　　　　を2個

着色料…カラー粘土の達人（いちご）
　　　　プロスアクリックス
　　　　（イエロー）
　　　　タミヤデコレーションカラー（抹茶）

その他…つや出しニス

道具

つまようじ、スポンジ、アルミホイル（パレットに使用）、ティッシュペーパー

❶
粘土（0.5cm玉）の1個をカラー粘土の達人（いちご）で着色する。

❷
❶の粘土を丸めてつまようじに刺す。乾いたらつまようじを抜く。

❸
プロスアクリックス（イエロー）をスポンジにとり、❷のつまようじを抜いた側にポンポンとたたくようにして塗る。

❹
もう1個の粘土（0.5cm玉）をタミヤデコレーションカラー（抹茶）で着色する。少量を手でちぎってのばし、❷のつまようじの穴を埋める。

❺
❹の残りの粘土で細長いヘタを5個作り、❹でつけた粘土の上に放射状にのせる。つまようじで中央を押さえてまとめる。

❻
❺の実の部分につや出しニスを塗る。ニスが乾いたら完成。

157

スライストマト

材料（約3個分・直径1.2×厚さ0.1cm）	道具
粘　土…樹脂粘土（モデナ）1cm玉、0.5cm玉 着色料…プロスアクリックス 　　　　（レッド、イエローオーカー、ホワイト） 　　　　宝石の雫（イエローグリーン） その他…つや出しニス	PPシート、カッターマット、カッター、デザインナイフ、ピンセット、つまようじ、面相筆、アルミホイル（パレットに使用）、ティッシュペーパー

❶

粘土（1cm玉）をプロスアクリックス（レッド）で着色する。

❷
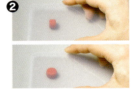
❶の粘土をPPシートでコロコロと転がしたり断面を軽く押さえたりして、直径1.2cmほどの円柱状にする。

❸

形を整えたところ。

❹

❸をカッターで厚さ0.1cmほどに切る。

❺

❹の表面をデザインナイフで、扇形に切り出す。

❻

❺で切り出した部分につや出しニスを塗る。

❼

粘土（0.5cm玉）をプロスアクリックス（イエローオーカー）で着色し、0.1cm玉ずつに丸める。❻でつや出しニスを塗った部分にピンセットで2〜3個ずつ入れる。

❽

つや出しニスに宝石の雫（イエローグリーン）を混ぜ、つまようじで❼で入れた粒の上にのせるようにして塗る。

❾

プロスアクリックス（ホワイト）を筆にとり、❽の中央の十字部分に塗る。乾いたら完成。

タマネギ

材料（約5個分・縦0.8×横0.2×厚さ0.1cm）
粘　土…樹脂粘土（モデナ）0.5cm玉 着色料…プロスアクリックス 　　　　（イエロー）
道具
筆（スティック状状であればほかで代用可）

❶

粘土をプロスアクリックス（イエロー）で着色する。

❷

❶の粘土を小さくちぎり、指先で転がして細長くする。長さ1cmほどが目安。

❸

❷を筆に巻きつけてカールさせる。乾いたら完成。

かぼちゃ

材料（約8個分・縦1.5×横0.5×厚さ0.3cm）
粘　土…樹脂粘土（モデナ）1cm玉
着色料…プロスアクリックス
　　　　（オレンジ、イエロー、ミドルグリーン、イエローグリーン、イエローオーカー）

道具
調色スティック、クリアファイルを小さく切ったもの、カッターマット、カッター、面相筆、アルミホイル（パレットに使用）、ティッシュペーパー

❶
粘土をプロスアクリックス（オレンジ、イエロー）で着色する。
\POINT/
着色料は1：1で混色する。

❷
❶の粘土を8等分し、指で半月形に整える。

❸
調色スティックで❷のカーブした面（皮の部分）をつつき、ゴツゴツした質感を出す。

❹
クリアファイルの両端を持って輪を作り、❸の内側の部分（種の部分）を丸くくり抜く。

❺
カッターで❹の両端を切り落とす。
\POINT/
お好みで❹でくり抜いた部分を調色スティックでつつき、質感を加える。

❻
プロスアクリックス（ミドルグリーン、イエローグリーン、イエローオーカー）を混ぜて筆にとり、皮にラフに塗れば完成。
\POINT/
着色料は2：1：1で混色する。

にんじん

材料（約10個分・縦0.3×横0.3×厚さ0.4cm）
粘　土…樹脂粘土（モデナ）1cm玉
着色料…プロスアクリックス
　　　　（オレンジ）

道具
カッターマット、カッター

❶
粘土をプロスアクリックス（オレンジ）で着色する。

❷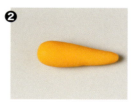
手のひらで転がしてにんじんの形にする。
\POINT/
切りやすい形に整えればOK。

❸
❷をカッターで使いたい形に切れば完成。

いんげん

材料（約3個分・直径0.2×長さ1.7cm）
粘　土…樹脂粘土（モデナ）0.5cm玉
着色料…プロスアクリックス
　　　　（イエローグリーン、バーントアンバー、ミドルグリーン）

道具
つまようじ

❶
粘土をプロスアクリックス（イエローグリーン、バーントアンバー、ミドルグリーン）で着色する。
\POINT/　バーントアンバー、ミドルグリーンに対してイエローグリーンは少なめに混ぜる。

❷
❶を3等分して丸め、指先で転がして細長くする。長さ1.7cmほどが目安。

❸
❷の側面につまようじを押しあてて、豆と豆の間のくぼみを作る。乾いたら完成。

159

なす

材料（約3個分・縦1×横0.4×厚さ0.2cm）
粘　土…樹脂粘土（モデナ）1cm玉
着色料…プロスアクリックス
　　　　　（イエロー、ロイヤルブルー、レッド）
その他…つや出しニス

道具

平筆、アルミホイル（パレットに使用）、ティッシュペーパー、カッターマット、カッター

❶ 粘土をプロスアクリックス（イエロー）で着色する。

❷ ❶の粘土を指でなすの形に整える。

❸ プロスアクリックス（ロイヤルブルー、レッド）を混ぜて筆にとり、❷の表面に塗る。

\POINT/
着色料は4:1で混色する。筆をティッシュペーパーで押さえながらヘタに向かってだんだん薄く塗る。ヘタの先端は濃く塗る。

❹ 塗ったところ。

❺ ❹の着色料が乾いたら、カッターで斜めにスライスする。

❻ ❺の側面（皮の部分）につや出しニスを塗る。ニスが乾いたら完成。

Arrange アレンジ

飾り切りなす

❺で切り方をかえて作ります。本書では天ぷら（p.120）に使っています。

先端（ヘタ部分）を切り落とす。残りの部分に縦に2本切り込みを入れる。切った部分をずらして完成。

ししとう

材料（約2個分・直径0.4×長さ1.5cm）
粘　土…樹脂粘土（モデナ）1cm玉
着色料…プロスアクリックス
　　　　　（ミドルグリーン、イエローオーカー）

❶ 粘土をプロスアクリックス（ミドルグリーン、イエローオーカー）で着色する。

\POINT/
着色料は1:1で混色する。

❷ ❶を少し残して2等分し、0.5cm玉ほどをとり、指先で転がしてししとうの形に整える。両端を持ってひねる。

\POINT/
ひねることで表面を凸凹させる。

❸ ❷で残した粘土を2等分し、指先で転がして短い棒状のヘタを作る。ヘタを❷の先につけ、乾いたら完成。

ピーマン

材料（約10個分・直径0.3×厚さ0.1cm）
粘　土…樹脂粘土（モデナ）1cm玉
着色料…プロスアクリックス（イエローグリーン、ミドルグリーン、イエローオーカー）

その他…ワイヤー（太さ約0.1cmタイプ）を3〜4cmの長さに切ったものを3本

道具
マスキングテープ、つまようじ、平筆、アルミホイル（パレットに使用）、ティッシュペーパー、カッターマット、カッター

❶
ワイヤー3本をまとめ、両端をマスキングテープでとめる。

❷
粘土をプロスアクリックス（イエローグリーン）で着色する。

❸
❷の粘土を指でつぶして薄くのばす。

❹
❶のワイヤーに❸を巻きつけ、手でコロコロと転がして形を整える。
\POINT/
粘土の量は調整する。

❺
❹のワイヤーのくぼみ部分につまようじを押しあてる。

❻
プロスアクリックス（ミドルグリーン、イエローオーカー）を混ぜて筆にとり、表面に塗る。
\POINT/
着色料は2：1で混色する。

❼
❻の着色料が乾いたらワイヤーを抜く。

❽
❼をカッターでスライスして完成。
\POINT/
スライスしたときに穴がつぶれたら、つまようじを使って穴の形を整える。

グリーンピース

材料（約10個分・直径0.1cm）
粘　土…樹脂粘土（モデナ）0.5cm玉
着色料…プロスアクリックス（イエローグリーン、イエローオーカー、ミドルグリーン）

❶
粘土をプロスアクリックス（イエローグリーン、イエローオーカー、ミドルグリーン）で着色する。
\POINT/
着色料は2：1：2で混色する。

❷
❶の粘土を手でちぎり、直径0.1cmほどに丸める。

❸
乾いたら完成。

長ネギ

材料（約3個分・直径0.3×長さ0.8cm）

粘　土…樹脂粘土（モデナ）1cm玉
着色料…プロスアクリックス
　　　　（イエローグリーン）

道具

PPシート、カッターマット、カッター、平筆、アルミホイル（パレットに使用）、ティッシュペーパー

❶

粘土を丸める。

❷

❶の粘土をPPシートでコロコロと転がして直径0.3cmほどの棒状にする。

❸

❷の側面にカッターで縦に細かく筋を入れ、質感を出す。

❹

プロスアクリックス（イエローグリーン）を多めの水で薄め、筆で❸の側面に塗る。
\POINT/
淡い色になるよう多めの水で薄める。

❺

着色料が乾いたら、カッターで使いたい大きさに切って完成。

Technique テクニック
串にさす場合
焼き鳥のねぎま（p.131）など、串に刺して使う場合は、粘土が乾く前に安全ピンを通して穴をあけておく。

刻みネギ

材料（ネギ1本分・直径0.2×厚さ0.1cm）

粘　土…樹脂粘土（モデナ）1cm玉
着色料…プロスアクリックス
　　　　（イエローグリーン）

道具

ワイヤー（太さ0.1cm）を5cm長さに切ったもの、PPシート、平筆、アルミホイル（パレットに使用）、ティッシュペーパー、カッターマット、カッター

❶

粘土を丸め、PPシートでつぶして薄くのばす。

❷

ワイヤーに❶の粘土を巻きつけ、手でコロコロと転がして形を整える。
\POINT/
粘土の量は調整する。

❸
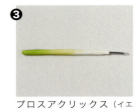
プロスアクリックス（イエローグリーン）を多めの水で薄め、筆で❷の側面に塗る。
\POINT/
つけねに向かってだんだん白くする。

❹

❸の着色料が乾いたらワイヤーを抜く。

❺

カッターで❹の側面に縦に切り込みをいれる。

❻

❺で切り込んだ一辺を内側に巻き込む。
\POINT/
こうしておくと、刻んだときによりリアルなネギになる。

❼

❻をカッターで細かく刻めば完成。

ジャガイモ

材料（約8個分・縦0.5×横0.5×厚さ0.5cm）
粘　土…樹脂粘土（モデナ）1cm玉
着色料…プロスアクリックス
　　　　（イエローオーカー）

道具
カッターマット、カッター

❶
粘土をプロスアクリックス（イエローオーカー）で着色する。

❷
❶の粘土を丸めたら、指で軽く押して、ジャガイモのゴツゴツした質感を出す。

❸
❷をカッターで使いたい形に切って完成。

皮つきポテト

材料（約12個分・縦1×横0.3×厚さ0.3cm）
粘　土…樹脂粘土（モデナ）1cm玉
着色料…プロスアクリックス
　　　　（イエロー、イエローオーカー、バーントアンバー）

道具
カッターマット、カッター、面相筆、アルミホイル（パレットに使用）、ティッシュペーパー

❶
粘土をプロスアクリックス（イエロー、イエローオーカー）で着色する。
\POINT/
着色料は1：1で混色する。

❷
❶の粘土を丸めたら、指で軽く押して、ジャガイモのゴツゴツした質感を出す。

❸
カッターで半月形に切る。

❹
プロスアクリックス（イエローオーカー、バーントアンバー）を混ぜ、カーブした面（皮の部分）に塗る。
\POINT/ 着色料は1：1で混色する。筆は水であまり濡らさずに、塗りムラを出す。

❺
さらに❹の表面全体に薄く色をつける。最後にふちを濃いめに重ねて塗る。

❻
❺の着色料が乾いたら完成。

コーン

材料（約10個分・直径0.2cm）
粘　土…樹脂粘土（モデナ）0.5cm玉
着色料…プロスアクリックス
　　　　（イエロー、イエローオーカー）

道具
カッターマット、カッター

❶
粘土をプロスアクリックス（イエロー、イエローオーカー）で着色する。
\POINT/
イエローに対し、イエローオーカーは少なめに混ぜる。

❷
❶の粘土を手でちぎって0.2cm玉ほどにする。雫のような形に整える。

❸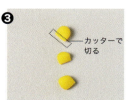
❷の先のとがった側をカッターでまっすぐに切り落として完成。

163

しいたけ

材料（約3個分・直径0.8×厚さ0.3cm）
粘　土…樹脂粘土(モデナ)1cm玉
着色料…プロスアクリックス
　　　　（イエロー、イエローオーカー、バーントアンバー）

道具
クリアファイルを小さく切ったもの、スポンジ、アルミホイル（パレットに使用）、ティッシュペーパー、カッターマット、デザインナイフ

① 粘土をプロスアクリックス（イエロー）で着色する。
＼POINT／ イエローはごく少量。淡いクリーム色を作る。

② ①の粘土を手でちぎって0.5cm玉ほどに丸め、軽くつぶす。筆の背などを使って中央にくぼみを作る。

③ クリアファイルを小さく切ったもので②の内側に細かい筋をつけ、ひだを作る。

④ プロスアクリックス（イエローオーカー、バーントアンバー）を混ぜ、③のひだをつけていない面にスポンジでたたくようにして色をつける。
＼POINT／ 着色料は1:1で混色する。

⑤ ④の着色料を乾かす。

⑥ デザインナイフで⑤で着色した面に×印の切り込みを入れて完成。

豆腐

材料（約10個分・縦0.3×横0.3×高さ0.3cm）
粘　土…樹脂粘土(モデナ)1cm玉
着色料…プロスアクリックス
　　　　（ホワイト）

道具
PPシート、カッターマット、カッター

① 粘土をプロスアクリックス（ホワイト）で着色する。

② ①の粘土をPPシートで軽くつぶして平らにする。

③ PPシートを②の側面に押しつけて、四角く形を整える。
＼POINT／ あとで切りやすい形に整える。

④ 形を整えたところ。

⑤ ④をカッターで使いたい大きさに切れば完成。みそ汁に入れるなら0.2cm角ほどが目安。

164

海老

材料（1本分・縦1.7×横0.4×厚さ0.4cm）
粘　土…樹脂粘土（モデナ）0.5cm玉
着色料…プロスアクリックス
　　　　（レッド、オレンジ）

道具
はさみ、面相筆、アルミホイル（パレットに使用）、ティッシュペーパー

❶ 粘土を写真のように成形する。海老の尻尾になる部分は指でつぶして楕円形にし、身の部分は棒状にする。

❷ ❶の尻尾の上に身を置く。尻尾の左右を折り込んで軽く押さえ、2つをくっつける。

❸ はさみで❷の尻尾を写真のようにカットする。
\POINT/
最初に尻尾の中央をV字に切ると形を捉えやすい。

❹ ❸の尻尾の先にはさみで細かい切り込みを入れる。

❺ プロスアクリックス（レッド、オレンジ）を混ぜ、多めの水で薄め、筆で身をしましまに、尻尾は濃いめに塗る。
\POINT/
着色料は1：1で混色する。

❻ ❺の着色料が乾いたら完成。

かまぼこ

材料（約8個分・縦0.5×横1×厚さ0.1cm）
粘　土…樹脂粘土（モデナ）1cm玉、
　　　　0.8cm玉
着色料…プロスアクリックス
　　　　（ホワイト、レッド）

道具
PPシート、はさみ、カッターマット、カッター

❶ 粘土（1cm玉）をプロスアクリックス（ホワイト）で着色する。

❷ ❶の粘土をPPシートでコロコロと転がして直径0.7cmほどの棒状にする。

❸ ❷を指で軽くつぶして底面を平らにする。PPシートを側面に押しあてて半月形に整える。

❹ 粘土（0.8cm玉）をプロスアクリックス（レッド、ホワイト）で着色し、PPシートで転がして棒状にする。
\POINT/ 着色料は1：3で混色する。

❺ ❹の粘土をPPシートでつぶして薄くのばす。

❻ ❸に❺を重ねる。
\POINT/
ピンクの粘土の量が多ければ、はさみで切る。

❼ カッターで❻の底面を切り落とし、平らにする。厚さ0.1cmほどにスライスすれば完成。

ハム

材料（2個分・直径1.5×厚さ0.1cm）
粘　土…樹脂粘土（モデナ）1cm玉、0.5cm玉
着色料…プロスアクリックス（レッド）

道具
PPシート

❶

粘土（1cm玉）をプロスアクリックス（レッド）で着色する。

❷

❶の粘土と粘土（0.5cm玉）を混ぜてマーブル状にしながらのばす。
\POINT/
無着色の粘土が外側に多く出るように調整する。

❸

❷を2等分して丸め、PPシートでつぶして薄くのばす。直径1.5cmほどが目安。

❹

乾いたら完成。

ベーコン

材料（1枚分・縦0.7×横3×厚さ0.1cm）
粘　土…樹脂粘土（モデナ）1cm玉、0.5cm玉
着色料…プロスアクリックス（ホワイト、レッド）

道具
歯ブラシ、PPシート、はさみ

❶

粘土（1cm玉）をプロスアクリックス（ホワイト、レッド）で着色する。これがベーコンの赤身になる。
\POINT/
着色料は少し赤を多めに混ぜる。

❷
粘土（0.5cm玉）にプロスアクリックス（ホワイト）と❶の粘土を少し混ぜて着色し、2個に分ける。これが脂身になる。

❸

❶の赤身と❷の脂身をそれぞれ細長い棒状にして交互に並べる。
\POINT/
脂身を外側にする。

❹

❸をPPシートでつぶして薄くのばす。

❺

❹の表面を歯ブラシでトントンとたたき、質感を出す。
\POINT/
赤身と脂身の境界線をぼかすようなイメージ。

❻

❺の端をはさみで切り、形を整える。
\POINT/
お好みで切った脂身部分（❷の粘土）を足して調整する。

❼

❻を指でつまみ波打たせる。乾いたら完成。

チャーシュー

材料(約4個分・縦0.6×横1×厚さ0.1cm)

粘　土…樹脂粘土(モデナ)1cm玉、0.5cm玉
着色料…プロスアクリックス
　　　　(バーントアンバー、イエローオーカー、レッド)

道具

歯ブラシ、ピンセット、面相筆、アルミホイル(パレットに使用)、ティッシュペーパー

❶

粘土(1cm玉)を(バーントアンバー、イエローオーカー、レッド)で着色する。
\POINT/
着色料はバーントアンバーを多めに、イエローオーカーとレッドは同比率で混色する。

❷

❶の粘土と粘土(0.5cm玉)を混ぜながらのばす。
\POINT/
無着色粘土(脂身)が残る程度にラフに混ぜる。

❸

❷の表面を歯ブラシでトントンとたたき、質感を出す。
\POINT/
お好みで脂身を足す。足したら歯ブラシでたたいてなじませる。

❹

❸をピンセットで適当な大きさにちぎり、形を整える。

❺

プロスアクリックス(バーントアンバー)を筆にとり、❹のふちに焼き色をつけて完成。

サラミ

材料(約15個分・直径0.3×厚さ0.1cm)

粘　土…樹脂粘土(モデナ)1cm玉
着色料…プロスアクリックス
　　　　(レッド、バーントアンバー)
その他…粒状ペップを細かく切ったもの

道具

PPシート、カッターマット、カッター

❶

粘土をプロスアクリックス(レッド、バーントアンバー)で着色する。
\POINT/　着色料は1:2で混色する。

❷

❶の粘土を指でつぶしてのばし、粒状ペップを細かく切ったものを混ぜる。

❸

❷をPPシートで転がして直径0.3cmほどの棒状にする。

❹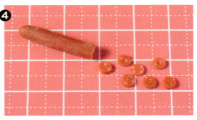

❸をカッターで厚さ0.1cmほどにスライスして完成。

大根おろし

材料（適量）

粘　土…樹脂粘土（モデナ）適量※
※すりおろしやすい分量を用意する。

UVレジン…星の雫

道具

おろし金、クリアファイルを小さく切ったもの、つまようじ、UVライト

❶ 粘土を円柱形にし、1日ほど乾かす。

\POINT/
擦りおろしやすい形でOK。しっかり乾かすと擦りおろしやすくなる。

❷ おろし金で❶の粘土をすりおろす。

❸ ❷をクリアファイルの上に盛り、UVレジンを垂らしてつまようじで軽く混ぜる。UVライトを照射する（2～3分）。

❹ ❸が硬化したらクリアファイルをはがして完成。

メンマ

材料（適量・縦0.2×横0.8×厚さ0.1cm）

粘　土…樹脂粘土（モデナ）適量
着色料…プロスアクリックス
　　　　（バーントアンバー、イエローオーカー、オレンジ）

道具

PPシート、クリアファイルを小さく切ったもの、カッターマット、カッター

❶ 粘土をプロスアクリックス（バーントアンバー、イエローオーカー、オレンジ）で着色する。PPシートで薄くのばす。

\POINT/着色料は1:1:1で混色する。

❷ ❶の粘土の表面にクリアファイルで細かく筋を入れる。

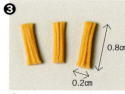

❸ ❷をカッターで細長く切って完成。

紅ショウガ

材料（適量・縦0.5×横0.1×厚さ0.1cm）

粘　土…樹脂粘土（モデナ）適量
着色料…カラー粘土の達人
　　　　（いちご）

道具

PPシート、はさみ、カッター

❶ 粘土をカラー粘土の達人（いちご）で着色し、PPシートでつぶして薄くのばす。

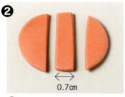

❷ ❶の粘土の両側をはさみで切り落とし、0.7cmほどの幅にする。

\POINT/
カッターで切ってもよい。

❸ ❷を細く刻んで完成。

ガリ

材料（1個分・直径 0.5 × 高さ 0.5cm）
粘　土…樹脂粘土（モデナ）0.5cm玉
着色料…プロスアクリックス
　　　　（イエロー）
その他…つや出しニス

道具
つまようじ

❶ 粘土をプロスアクリックス（イエロー）で着色する。

\POINT/
ピンクのガリにするならプロスアクリックス（レッド、ホワイト）を1:1で混色し、着色する。

❷ ❶の粘土を少量とり、指の腹でのばして花びらのような形にする。長さ1cmほどが目安。

❸ ❷をつまようじに巻きつける。

❹ ❷と同様に、少し大きいものを作り、❸に重ねて巻きつける。

❺ ❹を繰り返し、計3〜4枚を巻きつける。乾いたらつまようじを抜く。

❻ ❺につや出しニスを塗る。ニスが乾いたら完成。

のり

材料（5枚分・縦0.5×横1×厚さ0.05cm）
粘　土…樹脂粘土（モデナ）1cm玉
着色料…プロスアクリックス
　　　　（ミドルグリーン、ブラック）

道具
PPシート、アルミホイル、はさみ

❶ 粘土をプロスアクリックス（ミドルグリーン、ブラック）で着色する。

\POINT/
着色料は1:1で混色する。

❷ ❶の粘土をPPシートでつぶして薄くのばす。

\POINT/
できるだけ薄くする。

❸ ❷をくしゃくしゃにしたアルミホイルではさみ、表面に質感をつける。

❹ アルミホイルをはずし、乾かす。

\POINT/
質感が物足りない場合はさらにアルミホイルで表面をたたく。

❺ はさみで使いたい大きさに切って完成。

Arrange アレンジ

ブラックペッパー
❹のあと細かく刻めば、ブラックペッパーとして使えます。

わかめ

材料（適量）
粘　土…樹脂粘土（モデナ）適量
着色料…タミヤデコレーションカラー（抹茶） プロスアクリックス（ブラック）

道具
PPシート

❶

粘土をタミヤデコレーションカラー（抹茶）とプロスアクリックス（ブラック）で着色する。
\POINT/ 着色料は1:1で混色する。

❷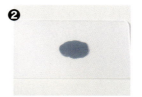

❶の粘土をPPシートでつぶして薄くのばし、乾かす。

❸

❷を手で細かくちぎって完成。
\POINT/ はさみで切ってもよい。

三つ葉

材料（1個分・縦0.7×横0.7×高さ0.7cm）	道具
粘　土…樹脂粘土（モデナ）0.5cm玉 着色料…プロスアクリックス（ミドルグリーン、イエローグリーン、バーントアンバー） その他…つや出しニス	アルミホイル（パレットにも使用）、カッター、クリアファイルを小さく切ったもの、はさみ、面相筆、ティッシュペーパー

❶

粘土をプロスアクリックス（ミドルグリーン、イエローグリーン）で着色する。
\POINT/ 着色料は1:2で混色する。

❷

❶を少量ちぎって丸め、くしゃくしゃにしたアルミホイルに押しつける。縦、横0.3～0.4cmほどが目安。

❸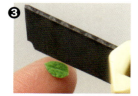

カッターの背を使い、❷の中心に筋を入れる。
\POINT/ 粘土が薄いため、指を切らないように背の部分（刃の逆側）を使う。クリアファイルを小さく切ったものを使ってもよい。

❹

❸の先を指で軽くつまみ、葉の両端を立たせる。

❺

❷～❹をくり返し、計3枚作る。3枚をつまんで束ねる。

❻

はさみで❺の葉のふちをギザギザに切る。

❼

プロスアクリックス（ミドルグリーン、バーントアンバー）を混ぜ、❻の葉のふちに塗る。
\POINT/ 着色料は1:2で混色する。

❽

❼の表面につや出しニスを塗る。ニスが乾いたら完成。

梅干し

材料（約2個分・直径0.4cm）
粘　土…樹脂粘土（モデナ）0.5cm玉
着色料…プロスアクリックス
　　　　（チェリーレッド）

道具
ピンセット

❶ 粘土をプロスアクリックス（チェリーレッド）で着色する。

❷ ❶の粘土を0.4cm玉ほどに手でちぎって丸める。ピンセットで軽くつまみ、表面をデコボコさせる。

❸ 乾いたら完成。

目玉焼き

材料（1個分・縦1.2×横1.5×厚さ0.4cm）
粘　土…樹脂粘土（モデナ）1cm玉、0.5cm玉
着色料…プロスアクリックス（オレンジ、ホワイト、イエローオーカー、バーントアンバー）
その他…つや出しニス

道具
面相筆、アルミホイル（パレットに使用）、ティッシュペーパー、つまようじ

❶ 粘土（0.5cm玉）をプロスアクリックス（オレンジ）、粘土（1cm玉）を（ホワイト）で着色する。

❷ ❶の粘土（1cm玉）を手でつぶして薄くのばす。直径1.5cmほどが目安。のばしたら筆の背を使い中央をくぼませる。

❸ ❶の粘土（0.5cm玉）を丸めて少しつぶし、❷でくぼませたところにのせる。少し押さえてなじませる。

❹ 無着色粘土（分量外）を指でつぶして薄くのばし、❸の白身と同じくらいの大きさにする。

❺ のばした❹の無着色粘土を❸の上にかぶせる。

❻ 筆の背で、ふちを軽く押さえてなじませる。

❼ つまようじで❻の裏側から軽くつつき、気泡の感じを出す。

❽ プロスアクリックス（イエローオーカー、バーントアンバー）を混ぜ、❼の表側のふちに塗る。
\POINT/ 着色料は1:1で混色する。筆は水であまり濡らさずに塗りムラを出す。

❾ ❽の着色料が乾いたら、つや出しニスを塗る。ニスが乾いたら完成。

スライスたまご

材料（約10個分・直径0.7×厚さ0.1cm）
- 粘　土…樹脂粘土（モデナ）1cm玉を2個
- 着色料…プロスアクリックス（ホワイト、オレンジ、イエロー）

道具
PPシート、カッターマット、カッター

❶ 粘土（1cm玉）の1個をプロスアクリックス（オレンジ、イエロー）で着色する。
\POINT/
着色料は1：1で混色する。

❷ ❶の粘土をPPシートでコロコロと転がして、直径0.5cmほどの棒状にする。

❸ 粘土（1cm玉）のもう1個をプロスアクリックス（ホワイト）で着色する。

❹ ❸の粘土をPPシートでコロコロと転がして棒状にし、つぶして薄くのばす。厚さ0.1cmほどが目安。

❺ ❷に❹を巻く。

❻ ❺をカッターで厚さ0.1cmほどにスライスして完成。

卵焼き

材料（約5個分・縦0.5×横0.7×厚さ0.3cm）
- 粘　土…樹脂粘土（モデナ）1cm玉、0.5cm玉
- 着色料…プロスアクリックス（イエロー、ホワイト、イエローオーカー、バーントアンバー）

道具
PPシート、歯ブラシ、スポンジ、アルミホイル（パレットに使用）、カッターマット、カッター

❶ 粘土（1cm玉）をプロスアクリックス（イエロー）で、粘土（0.5cm玉）をプロスアクリックス（ホワイト）で着色する。

❷ ❶の2個の粘土玉を混ぜ、マーブル状にする。
\POINT/
白身が多くなりすぎないよう、白の粘土の量を調整しながら混ぜる。

❸ ❷をPPシートでつぶして薄くのばす。

❹ ❸の表面を歯ブラシでトントンとたたき、質感を出す。

❺ ❹を裏返す。プロスアクリックス（イエローオーカー、バーントアンバー）を混ぜ、スポンジでたたくように塗る。
\POINT/
着色料は1：1で混色する。

❻ ❺をカッターマットの上に置き、カッターで両端を切り落とす。

❼ ❻の焼き色をつけた面を内側にして、くるくると巻く。

❽ ❼をカッターで0.3cmほどの厚さに切って完成。

ゆで卵

材料（約2個分・縦1×横0.7×厚さ0.4cm）	道具
粘　土…樹脂粘土（モデナ）0.8cm玉、0.5cm玉 着色料…プロスアクリックス 　　　　（ホワイト、オレンジ、イエロー） 　　　　宝石の雫（イエロー） その他…つや出しニス	カッターマット、カッター、デザインナイフ、調色パレット

❶ 粘土（0.8cm玉）をプロスアクリックス（ホワイト）で着色する。

❷ ❶を卵の形に整える。

❸ ❷をカッターで縦に半分に切る。

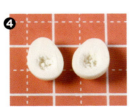

❹ ❸の断面をデザインナイフで丸くくり抜く。

\POINT/
一気にくり抜かず、少しずつほり出すようにすると形が崩れにくい。

❺ 粘土（0.5cm玉）をプロスアクリックス（オレンジ、イエロー）で着色する。

\POINT/
固ゆでならイエローを多め、半熟ならオレンジを多めに混ぜる。

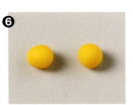

❻ ❺の粘土を0.2〜0.3cm玉に丸めて黄身を作る。

\POINT/
❼で詰めるときに大きければ手でちぎって調整する。

❼ ❻の黄身を❹でくり抜いた部分に詰める。つや出しニスに宝石の雫（イエロー）を混ぜたものを黄身に塗って完成。

Arrange アレンジ

卵黄

❻で作った黄身を軽くつぶして作ります。本書ではカルボナーラ（p.113）やうどん（p.127）のトッピングに使っています。

173

トッピングパーツ / Topping Parts

クルトン

材料(約20個分・縦0.3×横0.3×高さ0.3cm)

粘　土…樹脂粘土(モデナソフト)
　　　　1cm玉
着色料…プロスアクリックス
　　　　(イエローオーカー)
　　　　焼き色の達人 (茶)

道具

PPシート、はさみ、7本針

❶

粘土をプロスアクリックス(イエローオーカー)で着色する。

❷

❶の粘土を丸めたらPPシートでつぶしてのばす。厚さ0.3cmほどが目安。

❸

❷をはさみで幅0.3cmほどに切る。
\POINT/
完全に乾くと切りづらくなるので、半乾きの状態で切る。

❹

❸をさらに細かくはさみで切る。
\POINT/
パン生地の質感が足りなければ7本針でトントンとたたく。

❺

焼き色の達人(茶)で❹の表面全体に色をつけて完成。
\POINT/
全体にラフにつけたあと、一面(焼いた面)だけ濃くつける。

ナッツ

材料(適量)

粘　土…樹脂粘土(モデナ)適量
着色料…プロスアクリックス
　　　　(イエローオーカー、イエロー)
　　　　焼き色の達人 (茶、こげ茶)

道具

PPシート、はさみ

❶

粘土をプロスアクリックス(イエローオーカー、イエロー)で着色する。PPシートでつぶして薄くのばす。
\POINT/ 着色料は1:1で混色する。

❷

❶の表面に焼き色の達人(茶)、(こげ茶)で順番に色をつける。

❸

❷をはさみで細かく刻んで完成。

ココナッツ

材料(適量)

粘　土…樹脂粘土(モデナ)適量
着色料…プロスアクリックス
　　　　(ホワイト)

道具

カッターマット、カッター

❶

粘土をプロスアクリックス(ホワイト)で着色し、適当な形に整える。

❷

❶をカッターマットの上に置き、カッターで薄く切る。
\POINT/
透けるくらい薄く切る。

❸

❷をさらに細かく刻み、細長い形にして完成。

スライスチーズ

材料（1枚分・縦1×横1×厚さ0.1cm）

粘　土…樹脂粘土（モデナ）1cm玉
着色料…プロスアクリックス
　　　　（イエロー）

道具

PPシート、カッターマット、カッター

❶
粘土をプロスアクリックス（イエロー）で着色する。

❷
❶の粘土をPPシートでつぶして薄くのばす。

❸
カッターで❷の四方を切り、1cm角の正方形にする。乾いたら完成。

粉チーズ

材料（適量）

粘　土…樹脂粘土（モデナ）適量※
※すりおろしやすい分量を用意する。
着色料…プロスアクリックス
　　　　（イエロー）

道具

おろし金

❶
粘土をプロスアクリックス（イエロー）で着色し、すりおろしやすい形に整える。1日ほど乾かす。
\POINT/
しっかり乾かす。

❷
❶をおろし金ですりおろして完成。

かつおぶし

材料（適量）

粘　土…樹脂粘土（モデナ）適量
着色料…プロスアクリックス
　　　　（イエローオーカー、オレンジ、
　　　　バーントアンバー）

道具

カッターマット、カッター

❶
粘土をプロスアクリックス（イエローオーカー、オレンジ、バーントアンバー）で着色する。
\POINT/バーントアンバーは他の2色に対してやや少なめに混色する。

❷
❶の粘土をかつおぶしの形に整える。1日ほど乾かす。
\POINT/
削りやすい形に整えればOK。しっかり乾かす。

❸
❷をカッターで薄く削って完成。

パセリ・青のり

材料（適量）

着色料…タミヤデコレーションカラー（抹茶）

道具

クリアファイル、面相筆、つまようじ

❶
タミヤデコレーションカラー（抹茶）をクリアファイルに塗り、乾かす。
\POINT/
厚めに塗る。

❷
❶で塗った着色料をつまようじでカリカリとはがし、細かい粉末状にして完成。

PROFILE

きくちけい
(Milky Ribbon®)

保育士として幼児教育に携わるなか、子どもたちに粘土遊びをはじめとした「作ることの楽しさ」を教える。退職後、2児の母親として育児に専念するなか、樹脂粘土と出会い、スイーツデコ作りを始める。作品を自身のブログ「Milky Ribbon のスイーツデコ」で発信し、一躍人気ブロガーに。現在はワークショップなどの活動の他に、自閉症や発達障がいの子どものための放課後等デイサービス株式会社アイムにて、指導員、アートディレクターとして 活躍の場を広げている。著書に『大人かわいいスイーツデコ』『おとな夢みるスイーツデコ』(以上辰巳出版)、『ときめきスイーツデコ＆乙女こもの』(PHP研究所)、『かんたん！かわいい！まほうのスイーツデコ』(学研教育出版)などがある。

きくちけいオフィシャルウェブサイト
Milky Ribbon® のスイーツデコ
http://milky-ribbon.com

@milkyribbon_kei

STAFF

装丁・本文デザイン	みうらしゅう子
撮影	STUDIO BAN BAN(横田裕美子)
スタイリング	ダンノマリコ
執筆協力	前田明子
編集・制作	株式会社ロビタ社(三好史夏)
企画・編集	成美堂出版編集部 (原田洋介、芳賀篤史)

SPECIAL THANKS

ミニチュアパッケージ制作…… 中島竜憲
撮影小物協力…… きくちゆりこ

資材協力 (50音順)

セメダイン株式会社………… https://www.cemedine.co.jp
株式会社タミヤ…………… https://www.tamiya.com/
日清アソシエイツ株式会社…… http://nisshin-nendo.hobby.life.co.jp
株式会社パジコ…………… https://www.padico.co.jp
株式会社リーメント………… http://www.re-ment.co.jp

※本書に掲載の商品情報は2019年5月現在のものです。

掲載しているミニチュア食器等の小物について

本書で使用しているミニチュア食器等の小物は、一部著者の私物を含んでいます。現在販売中止になっていたり入手困難なものもあり、入手方法についてのお問い合わせにはご対応致しかねますのであらかじめご了承ください。ミニチュア小物との出会いは一期一会です。素敵な小物との出会いがあれば、1個1個入手していきましょう。

本物そっくり! ミニチュアスイーツ&フード大全

著 者　きくちけい
発行者　深見公子
発行所　成美堂出版
　　　　〒162-8445　東京都新宿区新小川町1-7
　　　　電話(03)5206-8151　FAX(03)5206-8159
印 刷　TOPPANクロレ株式会社

©Kikuchi Kei 2019　PRINTED IN JAPAN
ISBN978-4-415-32687-0
落丁・乱丁などの不良本はお取り替えします
定価はカバーに表示してあります

●本書および本書の付属物を無断で複写、複製(コピー)、引用することは著作権法上での例外を除き禁じられています。また代行業者等の第三者に依頼してスキャンやデジタル化することは、たとえ個人や家庭内の利用であっても一切認められておりません。